安藤輝次著

ポートフォリオで総合的な学習を創る

学習ファイルからポートフォリオへ

図書文化

● はじめに ●

「ポートフォリオって，新しい片仮名言葉を使って，何のこと？」って思う人がいるかもしれません。総合的な学習の初心者でも，ポートフォリオを使えば，学習指導要領における総合的な学習の「ねらい」に示すように，子どもが自ら問題を発見し，自ら追究するようになります。

本書では，初めて総合的な学習に取り組んだ１人の教師を通して，カリキュラムをデザインし，子ども用ポートフォリオを実践していく過程を描いています。その文脈のなかで具体的な手だてと留意点を位置づけました。以前，この学校の子どもから「どうしてこんな平凡な学校によく来るの」と尋ねられたことがあります。つまり，ここで取り上げているのは，普通の先生が普通の子どもを教えている普通の学校です。

「ポートフォリオって，子どもが学んだものを次々とファイルしていくことでしょう」と言う人もいるかもしれません。しかし，ポートフォリオは，このような学習ファイルではありません。見取り評価のための道具でもありません。それは，子どもが自分の学びを評価し，次の学びをつくっていくための評価学習法です。本書では，学習ファイルからポートフォリオへの転換の仕方やポートフォリオ検討会などの教師の力量形成法を事例にそって詳しく紹介しています。

「総合的な学習の評価をポートフォリオでやってきたから，こんな本は必要ない」と考える人もいるかもしれません。しかし，評価規準（criteria）を子どもと一緒につくってきたのでしょうか。学級の子どもたちは評価規準を内面化し，自立した学びができるようになっているのでしょうか。これがポートフォリオの熟達者になるにあたって立ちはだかる最大の難関です。

本書では，ポートフォリオの初級から中級，上級へと段階的に無理なくステップアップを図っていくための方法を具体的事例も示しながら説明しています。それは，教育課程審議会の「児童生徒の学習と教育課程の実施状況の評価の在り方について」の答申（2000年12月４日）にも対応しています。

また，これまでポートフォリオ実践を行ってきたほかの教師たちの「工夫のしどころ」や「ちょっといい話」を随所に入れて，ポートフォリオ実践に厚みと幅を加えました。適宜，重要語句の解説もしています。

さらに，ポートフォリオの考え方はわかったけれども，実際にポートフォリオをやってみると，思ってもみなかった問題に突き当たって悩むこともあるはずです。そのような悩みを解決するために，巻末に「こんなときどうするQ&A」を設けました。

ところで，私たちのポートフォリオ理論は「どうも欧米のポートフォリオとは少し違うようですが」と言われたことがあります。たしかに，ポートフォリオの原理は同じですが，方法は多少違っています。

私たちは，欧米のポートフォリオ研究に学んでいますが，それを直輸入しているのではありません。ポートフォリオは「こうあるべき」とか「論理的にはこうなるはず」という机上の論を展開しているのでもありません。わが国の教育実践のフィルターにかけて，そこから抽出されたエキスだけをつなぎ合わせてポートフォリオの理論化を図ってきたのです。

そこから言えることは，次のことです。ポートフォリオを使えば，確実に子どもの学びの質は高まります。教師が子どもをしっかり見つめるようになります。家庭や地域との連携にも役立ちます。

子ども用ポートフォリオによって，このような新しい学びの世界を切りひらくことができるようになることを心から願っています。

2000年12月

安藤輝次

CONTENTS

目次

ポートフォリオで総合的な学習を創る
―学習ファイルからポートフォリオへ―

第1章 なぜ総合的な学習でポートフォリオが必要か

「ポスターは，自己満足に終わっている。もっと見る人のことを考えてほしい」

前田晴美さんは，福井大学附属中学校の講演会でこのような指摘をしました。彼女は，同校の卒業生で，1970年代にはミスユニバース日本代表として世界６位に選ばれ，その後スチュワーデスとなり，今は情報技術（IT）関連の実業家として活躍中の人です。

附属中学校では，“学年プロジェクト”と名づけた総合的な学習を実施しています。これは，同じ学年の子どもたちが中学３か年を見通して文化祭や修学旅行などの学校行事も絡めながら学んでいく総合的な学習です。その成果は，『探究・創造・表現する総合的な学習』（東洋館出版社，1999年）として発表され，たびたび雑誌などでも取り上げられ，高い評価を受けています。たしかに教科での学びも切り結ばれていて，中学校における優れた総合的な学習の実践だと思います。

しかし，課題はありました。それは，子どもの学びを重視するとはいうものの，一人一人の子どもの学びを**評価**して次の学びへ広げるような手だてを講じていないということです。

【評価　assessment】
「寄り添う」という意味のラテン語から生まれた言葉で，学び手が知っていることやできることに関する情報を集めること。できるだけ公平で偏りのない目で学びの現状を評価することが強調される点で学びの価値づけや値踏みをするエバリュエーションとは違っています。

1　本物の学びを求めて

【1】本物の学びと評価

前田さんの「見る人のことを考えてほしい」という言葉は，外部評価を含めた **“本物の学び** (authentic learning)” をもっと取り入れてはどうかということをいっているのです。

ポスターをつくって終わりというのでは，自己満足にとどまってしまいます。ポスターは，だれかに何かを訴えたいために描いたはずです。とすれば，ポスターを見る人はだれであって，その人の感想や印象を聞くということを想定するべきでしょう。そして，実際に見てもらったときの反応を一種の評価情報として，その後のポスターの手直しや新たなポスターづくりに役立てるべきでしょう。

それは，社会で仕事をして実際にポスターをつくる過程と似ています。そこには，作り手と受け手の間での双方向のコミュニケーションに基づく学びともいうべき本物の学びがあり，**“本物の評価** (authentic assessment)” が行われます。

総合的な学習では，教室を越え，学校を越えた学びが展開されます。そこでは，本による学びだけでなく現実にふれて学ぶ機会があります。適切な判断と新機軸が必要です。ポスターづくりのように，伝えたい事柄に関する知識と技能を発揮する能力が求められます。教師は，あらかじめセイフティネットを張りますが，子どもにも責任意識的な学びを要求

【本物の学び　authentic learning】

自分で何が問題かをよく理解してこれまでの知識や体験を踏まえて考えるなかで知識を全体的に統合し他者評価を受けながらも自分なりの価値づけをするような学びのこと。そのためには柔軟な時間割編成を行い，家庭や地域とも連携して子どもの学びをしっかり見据えた支援が必要となります。

【本物の評価　authentic assessment】

学び手が知っていることやできることを学校外の現実生活に適用したりできたことを評価する方法。「真正の評価」とも訳されます。複数の活動によって学びの成果がどうかを確かめるための証拠の収集を行ったり評価情報を次の授業実践に生かします。

します。実際にその仕事に携わる人のようなことをするという場面があります。このような学び方を“本物の学び”と呼びます[(1)]。

そして，ポスターづくりで伝えたい事柄をどのように表現できたかという応用力が評価の対象となります。評価情報に基づく**フィードバック**もあります。期限内に限られた予算で最大の効果を上げることが期待されます。ポスターを見た人に感想や印象を尋ねるような双方向の評価法も使います。ポスターそのものだけでなくポスターづくりの過程も評価の対象となります。このような評価の仕方を“本物の評価”と呼びます。

従来は評価といえば，エバリュエーション（evaluation）のことを指しましたが，最近では**アセスメント**（assessment）という言葉を使います。「アセスメントは，子どもたちの情報，子どもたちが知っていることやできることの情報を収集する過程。（中略）エバリュエーションは，アセスメント情報について解釈し判断する過程」をいうのです[(2)]。

先ほど紹介した前田さんは，「これは悪い，５段階で**評定**すればこれくらい」というエバリュエーションの意味合いで言ったわけではありません。同窓会員として後輩たちに寄り添い（sit beside）ながら，もちろんこの学校の校訓を引き合いに出してよさを指摘し，さらに学校の教育の質を高めるためにあえて苦言を呈したのです。このようにアセスメントという新しい評価の考え方は，子どもや教師や保護者や学校関係者のためになることでなければ，価値がないという想定に基づいています[(3)]。

【フィードバック　feedback】

学びの過程において何を学んだかという情報を適時得る自己調整活動のこと。フィードバックは優秀なモデルや評価規準に依存していて，ほめたり非難したり是認したり否定するものではありません。

【評定　grading】

学期末や学年末に子どもの学びを3段階とか5段階で通知表に等級づけること。一般にはこのような意味合いで「評価」と呼ばれますが，正確には「評定」というべきです。

【２】従来の教科学習における学び

これまでの教科学習の特徴をひとことで言えば，「座学」ということです。教

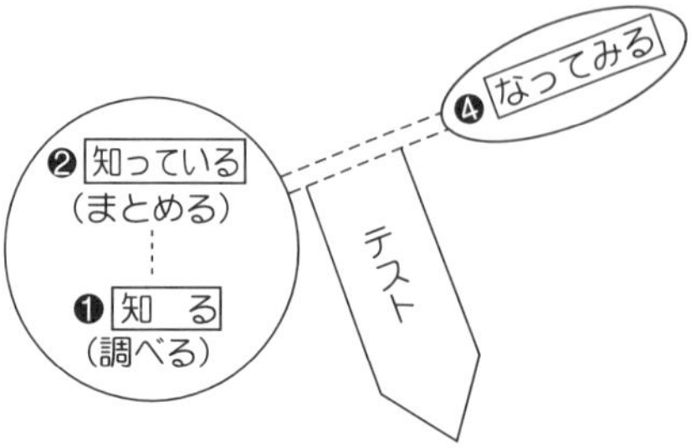

図１　従来の教科学習における学び

師が黒板を背に，子どもと対面して，言葉を使って進めるのが授業の基本となってきました。

そこでの学びは，図１に示すように，子どもたちが❶「知る（調べる）」という情報から❷「知っている（まとめる）」という知識につながる学びです。点線で示したように，❶にとどまるかもしれません。単元末や中間・期末に行われるテストがこれらの学びを評価する手段になっています。ときには，❹「なってみる（発表，協力，共感）」こともあるでしょうが，体験に裏打ちされたものは少なく，❶❷の周辺に位置づけられています。

たしかに，熱心な教師の間では，子どもが学校外で調べたり，地域講師が教室に来て，授業をすることが行われています。しかし，今回の学習指導要領で各教科の授業時間数が約３割削減されるなかで，教科の時間だけでこのような授業をする余裕がなくなっています。現実には，総合的な学習と関連づけないかぎり，いわゆる知的教科でものをつくったり，体験させるということがむずかしくなっています。将来，教科学習の大転換を図れば可能でしょうが，現時点では，なかなか本物の学びに結びつきません。

【３】生活科における学び

小学校低学年の生活科は，学習指導要領では教科とされていますが，実態は通常の教科とは違います。教科とは，特定の学問を基盤に据えたり，関連を保っているのですが，生活科は，学習指導要領の目標に「具体的な体験や活動を通して」関心をもち，考え，「生活上必要な習慣や技能を身につけさせ，自立への基礎を養う」とうたっているように，特定の学問的な基礎をもっていません。

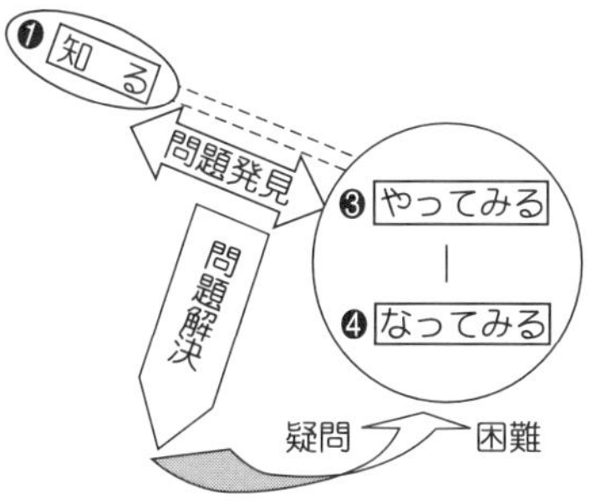

図2　生活科における学び

例えば，「遊ぶものをつくろう」ということで昔の遊びであるメンコを作ったり，遊んだりすることもあります。それは，座学のように，１人で学ぶのではなく，グループで協力したり，共感したりする学びです。ときには，図書館で昔の遊びを調べるような❶「知る（調べる）」こともあるでしょうが，❸「やってみる」（体験，ものづくり）と❹「なってみる」（発表，協力，共感など）に比べて２次的であり，相互の関連づけも強くありません。

それは，図２に示すように，❸と❹が中心となる経験的な学びであって，この両者のなかで疑問や困難が感じられ，問題を発見して，解決することが多い学びです。

2　知の総合化は本物の学び

【1】「総合的な学習の時間」のねらい

戦後新教育の旗頭として登場した社会科において，無着成恭氏は山形県山元村の中学校で生活綴《つづり》方《かた》を実践し，教科書による型どおりの教え込み教育を打破し，「ほんものの教育」を追究しました(4)。

ところが，現代は，教師が子どもを導くというよりむしろ子どもの学びを支援するという学習観に変わってきています。それは，従来のような学びでは対応できないような子どもを取り巻く社会状況によって生み出されてきたものです。そのような学びを「本物の学び」と呼びます。

現代社会では，情報技術革命のなかで，だれでもインターネットで多様な情報を取り出したりできます。ゲームを中心にバーチャル・リアリティも体験できます。他方では，学校外の教育としての塾の普及に代表

【知の総合化　Integrated knowing】

教育課程審議会答申（1998年7月）の「教育課程の基準の改善のねらい」の小項目「自ら学び自ら考える力を育成すること」のなかで使われた言葉。知を総合化する主体は子ども自身です。現代の学校では教科で学ぶ事柄は実社会からかけ離れて学ぶ意味が見失われやすくなっています。総合的な学習では学校での学びと家庭や地域での生活とを結びつける知の総合化が要となっています。

されるように，体験による学びや学ぶ意味を見失った子どもが増えています。

そして，子どもを取り巻く環境は，国際化，情報化，環境や福祉や健康などの複合的な問題が山積し，私たちも緊急の対処を迫られています。子どもにとっても，それらの問題を何も見ない，考えないで過ごすということは許されません。

要するに，子どもは，疑似体験はしても，本物の学びを行って「ほんとうにわかった」という**経験が不足している**ということです。そこに総合的な学習の時間による「生きる力」をはぐくむ“**知の総合化**”が求められる理論的根拠があります。

総合的な学習の時間のねらいは，小学校，中学校，高校のいずれの学習指導要領においても同じであって，次のようなものです。

(1)自ら課題を見付け，自ら学び，自ら考え，主体的に判断し，よりよく問題を解決する資質や能力を育てること。
(2)学び方やものの考え方を身に付け，問題の解決や探求活動に主体的，創造的に取り組む態度を育て，自己の生き方を考えることができるようにすること。

(1)も(2)も主語は「教師が」，述語は「育てる」とか「考えることができるようにする」ということです。しかし，その間にある言葉は，すべて子どもが行うことです。つまり，(1)では，子どもが問題を発見し，解決に努力し，(2)では，子どもが学び方やものの考え方を身につけ，生き方まで迫るように教師が側面から支援することをねらいとするといっているのです。例えば，「生き方」は，教師が子どもに教えて身につくものではありません。子ども自身が「生き方」を自ら感じ取り，身につけていくべきものです。

総合的な学習では，子どもの学びが中心となります。1998年7月の教育課程審議会答申が述べるように，「知識と生活との結び付き」，つまり，“知の総合化”によって，「各教科等それぞれで身に付けられた知識や技能などが相互に関連付けられ，深められ児童生徒の中で総合的に働くようになる」ことが大切です。

【2】総合的な学習における配慮事項

学習指導要領では，小学校と中学校の総合的な学習の時間において次の事項を配慮するように求めています。

(a)自然体験やボランティア活動などの社会体験，観察・実験，見学や調査，発表や討論，ものづくりや生産活動など体験的な学習，問題解決的な学習を積極的に取り入れること。
(b)グループ学習や異年齢集団による学習などの多様な学習形態，地域の人々の協力も得つつ全教師が一体となって指導に当たるなどの指導体制，地域の教材や学習環境の積極的な活用などについて工夫すること。

総合的な学習では，自然体験，社会体験，体験的な学習，問題解決的な学習，多様な学習形態，協力的な指導体制，地域の教材化などが取り入れられるべきであるということです。(なお，小学校では，このほかに外国語会話等を導入する際には，「小学校段階にふさわしい体験的な学習が行われる」ような配慮を促し，高校では，(b)に「個人研究」という言葉を付け加えています)

そして，前述の(1)(2)のねらいを踏まえて，次の3つの課題を例示しています。

A．国際理解，情報，環境，福祉・健康などの横断的・総合的課題

B．児童生徒の興味・関心に基づく課題

C．地域や学校の特色に応じた課題

どちらかといえば，Aは，複数の教科を横断させたり，関連づけるようなアプローチ，Bは，子どもの興味関心や生活経験を軸に展開させるアプローチであり，従来から「総合学習」と呼ばれてきました。学習指導要領では，これらの異なるアプローチを混在させているので，総合「的」な学習と記したのです。

工夫のしどころ①　「三つの課題を絡める」

松村聡（松岡小学校）

私は「横断的総合的課題」「子どもの興味に基づく課題」「地域や学校に応じた課題」を絡ませた学びにできればと思いました。そこで「カレーをつくろう」の実践に取り組むことになったのは次のような見通しができたからです。

まず第一に子どもの興味・関心が高かったことがあげられます。子どもたちは1週間たっても2週間たっても「先生カレーはいつつくるの？」と興味関心があまりにも強いので，これなら実践してもいいかなと思いました。

第二に実践的研究の柱と考えていた「ポートフォリオ」と「見たこと作文」が身近な「食」の学習なら切実な問題に迫ることが可能であり，十分な活用もできるという見通しができたことです。「食」は日常生活や健康に直接影響があり生活習慣病の要因になっていて現代的課題の一つです。「見たこと作文」によって自分で気づかなかった「食」の問題に気づいたり，「ポートフォリオ」の自己評価によって食生活の見直しができるのではと考えました。

第三に学校行事との関連があげられます。本校の5学年は1学期末に学年キャンプを例年実施しており，カレー学習の最終段階をそれに位置づけることができると考えました。またカレーの食材の中に松岡町特産のタマネギを取り入れる計画も立てました。これは学校の特色に応じた課題といえるでしょう。

【3】総合的な学習における学び

学習指導要領では，総合的な学習は，ねらいと配慮事項と課題の例を示しているだけで，各教科のように何学年にどのような目標でどの内容を取り上げるのかということを記していません。地域や学校や子どもの実態等にそって創意工夫を凝らした横断的・総合的な学習を行うことを奨励しています。総合的な学習の時間の名称も各学校で定めてよいのです。

総合的な学習は，このように学校裁量の余地がとても大きい時間です。しかし，いきなり「自由にやってください」と言われても，どのようにすればよいのか不安をもつ先生も多いでしょう。そのような教師の要請に支えられて，これまで総合的な学習に関する図書が多数出版されてきました。しかし，先進校の実践は，長い年月をかけて学校文化としても積み重ねてきたものであって，その真似をしてもうまくいきません。しかも，教師サイドで段階的に総合的な学習を進めていく実践はありますが，子どもたちが知の総合化を生み出すような学びのモデルは示されていません。

私たちは，次頁の**図３**に示すような子どもの総合的な学びのモデルを設定し，学校文化も視野に入れて**ポートフォリオ**を活用した実践を重ねてきました。この図はメガネのように見えるので，メガネにたとえながら，簡単に説明します。

向かって左側のレンズは，**❶「知る（調べる）」**と**❷「知っている（まとめる）」**という認知面であって，おもに教科学習で用いられてきた学び方です。向かって右側のレンズは，**❸「やってみる（体験，ものづくり）」**と**❹「なってみる（発表，協力，共感）」**という**パフォーマンス**面

【ポートフォリオ　portfolio】

特定の目的にそって学び手が自発的に学びの努力や伸びや変容を多面的多角的かつ長期的に評価し，新たな学びに生かすためにさまざまな学習物等を集めたもの。学び手が子どもなら「子ども用ポートフォリオ」，教師なら「教師用ポートフォリオ」となります。

【パフォーマンス　performance】

ものごとの深い理解や習得をするためにやりぬく行為やそこでの表現のことです。例えば環境問題がほんとうにわかっているかどうかは知識を学んで説明するだけでは不十分です。その知識を使って例を示したり新たな証拠を見つけたり類推したり一般化できなければなりませんし，これらは作品や記録や口頭発表のような表現を検討する必要があります。そのような行為と表現をパフォーマンスといいます。

であって，おもに生活科が用いてきた方法です。

そして，この両方のレンズを通して❺**「複眼で見る」**ことによって問題を見いだして，解決に努力し，ついには「実感を伴ってわかった」という感覚を抱くことにもなります。ときには生き方にまでつながるということもあるかもしれません。しかし，再び疑問が生じ，困難を感じたりすると，認知やパフォーマンスによるとらえ直しが行われるようになります。

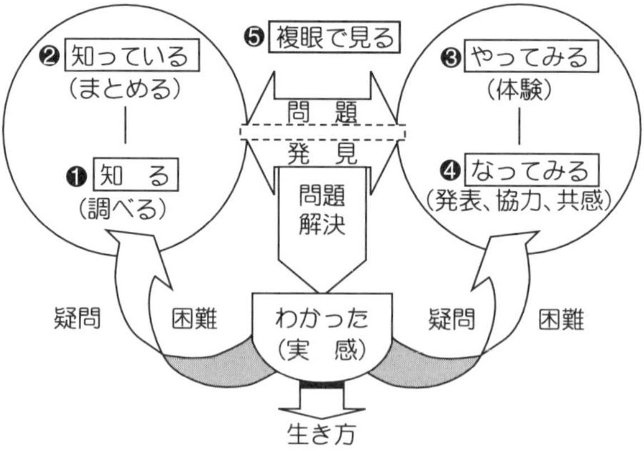

図３　総合的な学びのモデル

そのとらえ直しのきっかけとなるのが，❻**「振り返り」**です。また，振り返りを介して問題に気づくこともできます。このように「振り返り」は，総合的な学びを推進するための中心要素です。

総合的な学習では，とかく体験や発表などのパフォーマンス面が注目されやすいのですが，知の総合化という点からみれば，認知面の充実があってこそ体験や発表の深まりも生まれます。でないと，単なるお祭り騒ぎの総合的な学習で終わってしまいます。

初めに紹介したポスターづくりについては，ポスターを見る人の立場に❹「なってみる」ことによって，ポスターの描き方を根本的に考え直すとすれば，❶「調べる」に立ち戻ることになります。あるいは，色彩や構図のちょっとした修正でよいならば，❸のように，部分的に描き直すことになるでしょう。

また，「体験こそ重要」と考えて，地方都市の教師が中学生を引き連れて，東京の下水処理施設の見学をさせたところ，施設の係員から「何のための体験か」とたしなめられたという話を聞いたことがあります。何でも体験させればよいのではありません。

子どもにとって，どんな問題を追究するのか，解決するのかということが前提として意識化され，自分で調べたり，まとめたりして，わかったことを体験したり，応用したりした後，再び調べ直すようなことがなければなりません。

要するに，認知とパフォーマンスは，相互補完の関係にあります。総合的な学習では，❶「知る」と❷「知っている」という『る』で終わるものと，❸「やってみる」と❹「なってみる」という『みる』で終わるものとの合わせ技が必要になるということです。

【４】キーワードはパフォーマンス

【パフォーマンス学習　performance-based learning】

従来の教科学習では，知識理解と技能獲得のように“知ること”と“すること”に力点が置かれましたが，パフォーマンス学習では，複合的な課題に挑戦させる過程で知っていることや他人にできることを(1)伝達し，(2)応用し，(3)発表することを介した新たな知識や技能の獲得が行われます。パフォーマンス学習は，注意・実行・洗練を要し，巧みな調整が求められ長期的な転移にも関係します。

この総合的な学習におけるモデル図は，私たちが実践研究を通して導き出したものです。また，ウイギンス（Wiggins, G.）の考え方にも学んでいます(5)。**パフォーマンス学習**（performance-based learning）の考え方にも似ています。そこでは，認知とパフォーマンスの相互補完の関係にあるという考え方を示した後，パフォーマンスとその関連用語について次のように説明します(6)。

「パフォーマンスとは，書く，話す，説得する，教える，モデルを作る，台本

【パフォーマンス評価　performance assessment】

書く，話す，モデルをつくる，提案するというように明確な評価の観点や規準にそって何かを現実的な状況や文脈で実践したり生み出したもの，つまりパフォーマンスを評価する方法です。そして，そこでの評価情報が次の学びをつくるのに役立ちます。

を書くというような所定の期待にしたがって物事を行った結果です。（中略）パフォーマンス課題とは，子どもたちが意義深くて現実生活のような行動に携わるようにうまくデザインされた『プロジェクト』のようなものです。（中略）**パフォーマンス評価**とは，子どもたちが事前に定めた十分に明確な規準（criteria）を示す何かを行ったり，生み出す諸能力を教育者が評価する『経験や結果のチェック』です。」

このようにいうと，パフォーマンスと本物という概念は同じではないかと思う人もいるかもしれません。たしかに，パフォーマンスの学びと本物の学びは，重なる部分が多いのです。しかし，パフォーマンス・カリキュラムをスキナー（Skinner, B. F.）の技能カリキュラムとブルーナー（Bruner, J. S.）の学問カリキュラムに二分する研究者もいるように(7)，パフォーマンスは，教師がステップ・バイ・ステップで特定の技能を直接教えるという場合にも使われます。他方，本物という場合には，パフォーマンスよりも学んだことを応用するとか，複雑な問題に挑戦するという意味合いを鮮明に打ち出しています。「パフォーマンスの学び≒本物の学び」ということです。

3　ポートフォリオの必要性

【1】 総合的な学習の評価

総合的な学習は，そのねらいや配慮事項からわかるように，知識理解や技能だけでなく見方・考え方，学び方，関心・意欲・態度などいわゆる「生きる力」も視野に入れています。調べたり，まとめるだけでなく，体験したり，ものをつくったり，発表や協力をしたりして学びが展開します。それは，従来の教科学習における学びとは違います。したがって，教科学習で使うペーパーテストに頼ることはできません。

では，総合的な学習では，どのように子どもの学びを評価するのでしょうか。小学校，中学校，高校のいずれの学習指導要領においても，児童生徒の「よい点や進歩の状況などを積極的に評価するとともに，指導の過程や成果を評価し，指導の改善を行い学習意欲の向上に生かすようにすること」とされています。ただし，これは，指導計画や教育課程の作成にあたって配慮するべきことであり，総合的な学習に限定したものではありません。

総合的な学習の評価については，前述の教育課程審議会答申において「教科のように試験の成績によって数値的に評価することはせず，活動や学習の過程，報告書や作品，発表や討論などに見られる学習の状況や成果などについて，児童生徒の良い点，学習に対する意欲や態度，進歩の状況などをふまえて適切に評価する」と述べています。

このように総合的な学習では，数値的な評価はしません。学びの結果よりむしろ学びの過程の評価を重視します。子どもの良さや意欲や態度，進歩の状況に注目します。

また2000年12月に発表された教育課程審議会答申「児童生徒の学習と教育課程の実施状況の評価の在り方について」によれば，総合的な学習の指導要録を記載する際には，問題の発見と解決，学び方・考え方や生き方などのねらいを踏まえて評価を行い，次の点に留意する必要があるとしています。

> この時間において行った「学習活動」を記述した上で，指導の目標や内容に基づいて定めた「観点」を記載し，それらの「観点」のうち，児童生徒の学習状況に顕著な事項がある場合などにその特徴を記載するなど，児童生徒にどのような力が身に付いたかを文章で記述する「評価」の欄を設けることが適当である。

この「観点」は各学校で定めるとされていますが，総合的な学習の学び方モデルを手がかりにすれば，案外簡単に導き出すことができます。子どもが実際に身についた力は，指導要録の「評価」欄に文章で記述することになります。そして，このような新しい評価のあり方にうまくマッチしているのがポートフォリオなのです。

【2】 ポートフォリオの定義

ポートフォリオ（portfolio）とは，本来は，画家や写真家が自分の作品を収めた折りかばんや紙はさみのことを指しました。しかし，教育では，これとは少し異なる意味合いを込めています。まず，次の問いについて考えてみてください。

問題　ポートフォリオは何にたとえられるでしょうか。 次の中から選びなさい。 **（ア）**アルバム　**（イ）**灯台　**（ウ）**パレット　**（エ）**ビデオテープ

（ア）は，私が大学の授業でポートフォリオを使った際に学生がたとえた言葉です。彼によれば，ポートフォリオは「自分の成長，考えの変容を評価できた点はよかった。（中略）過去を振り返り，それを先の学習に生かすいままでにない方法だ」と言います。

（イ）は，アメリカにおける子ども用ポートフォリオ導入の一つの契機となったハーバード大学の**プロジェクト・ゼロ**で使われた比喩です(8)。そこでは，ポートフォリオが単なる評価法ではなく，自ら学ぶ道筋を照らす評価を介した学習法とされています。

（ウ）は，バーク（Burke, K.）やフォ

【プロジェクト・ゼロ　Project Zero】

ハーバード大学でガードナー（Gardner,H.）とパーキンス（Perkins,D.）が主催する研究グループ。反省的で自立した学習者を育て，深い理解をさせることを目的とした数多くのプロジェクトを組織し，学習，思考，創造性などにかかわる研究成果を発表しています。とくに，最近は，ガードナーの多重知性理論にそった実践的研究が注目されています。

ガーシイ（Fogarty, R.）たちによるポートフォリオの比喩であり，学びの過程で残された記録やメモや写真などの学習物だけでなく完成した作品，自己評価や他者評価，日誌などをパレット上にある絵の具にたとえたものです(9)。黒色だけで描くより，多くの色を使えば，よりリアルな学びの姿を描き出すことができるのではないかというのです。

（エ）は，実社会ではペーパーテストだけでなく振る舞いや実技など複数の尺度で評価しようとする“本物の評価”にかかわって「カラフルで動きがあって，移り変わる」と特徴づけたバークの言葉です(10)。そこではポートフォリオが主たる道具とされています。

要するに，ポートフォリオは，アルバムのように長期的にとらえ，灯台のように次なる学びの道筋を指し示し，パレットやビデオテープのように，一つのものごとを多角的に検討したり，見て聞いて読むという多面的な評価をしようとするものです。

それで，私は，ポートフォリオを次のように定義しています。もちろん，ここにいう「評価」という言葉は，「アセスメント」の意味です。

ポートフォリオは，自分が自発的に学びの伸びや変容を多面的多角的かつ長期的に評価し新たな学びに生かすために学習物等を集めたものである。

この「自分」がだれかということによってポートフォリオのタイプが決まります。アメリカでは，子ども用，教師用，校長用，学校用のポートフォリオがあります。

【３】子ども用ポートフォリオの導入を

わが国の総合的な学習の評価にかかわって熱い視線を投げかけられているのは，子ども用ポートフォリオです。これは，ポートフォリオの定義の初めに記した「自分」を子どもとする場合です。

実践をしてみればすぐにわかることですが，ポートフォリオは，**評価のための手だて**としてだけでなく，**新たな学びのための学習法**にもなるという点に注目してほしいと思います。だから，この本の書名にあるように，『ポートフォリオで総合的な学習を創る』ことが可能になるのです。なお，子ども用ポートフォリオは，子ども一人一人がつくる“個人用ポートフォリオ”と班ごとにつくる“班ポートフォリオ”に分けることができます。

もう一度，教育課程審議会答申で引用した総合的な学習の評価の箇所を振り返ってください。そこで言っていることは，子ども用ポートフォリオの機能とほぼ合致するではありませんか。

子ども用ポートフォリオでは，42頁のS男の母親のコメントに示すように，優れた他者評価を前提とし，それを受けとめる子どもによる自己評価を中心に位置づけています。正確には，自己評価を介した学びの自己修正や方向づけがゴールとされているということです。

「小学生に自己評価は無理」という批判もあるかもしれません。しかし，私たちの実践研究では，小学２年生でもやり方次第でうまく自己評価をして自学に持ち込むことができました。

また，総合的な学習でポートフォリオを採用しているといっても，よく聞いてみると，教師用ポートフォリオだったということも少なくありません。前述のポートフォリオの定義に立ち戻ってください。定義に示した「自分」が教師ならば，“教師用ポートフォリオ”なのです。それは，教師が子どもの興味関心を生かしたいとか小集団を活用する力を伸ばしたいというような場合につくるように，教師自身の力量形成に役立てるためのものです。あるいは，総合的な学習のカリキュラム評価として使うためのものです。

本書では，子ども用ポートフォリオを中心に論じますが，第６章では教師用ポートフォリオについて言及しています。

注

(1)Wiggins, G. P. *Educative Assessment*, Jossey-Bass Publishers. 1998, pp.22-24.

(2)Hart, D. *Authentic Assessment*, Addison-Wesley Publishing Company, Inc. 1994, p.1.

(3)Wiggins, op .cit［1998］p.8.

(4)無着成恭　編『やまびこ学校』百合出版, 1956年, 271頁。

(5)加藤幸次・安藤輝次『総合学習のためのポートフォリオ評価』黎明書房, 1999年, 第４章第２節。

(6)Rogers, S. and Grapham, S. *The High Performance Toolbox*, Peak Learning Systems, Inc. 1997, p.4.

(7)Morshead, R.V. *Patterns of Educational Practices*, The Perian Press, 1995, p.269.

(8)Veenema, S. et al. [ed.], *The Project Zero Classroom*, The President and Fellows of Harvard College, 1997, p.133.

(9)Burke, K. et al. *The Portfolio Collection*, IRI/Skylight Training and Publishing, Inc. 1994, p.vii.

(10)Burke, K. *How to Assess Authentic Learning* [revised version], IRI/Skylight Training and Publishing, Inc. 1994, p.xxii.

第2章 ポートフォリオの準備

いま，学級開きに向けて準備中です。迷っているのは，「見たこと帳」をどのように導入するかです。有田先生のようにスピーチからゆっくり時間をかけて導入するか，それとも「見たことを書いてきなさい」と働きかけるのか。それと，隣の新採用の先生も同じようにやってもらうのがよいのか。

指導主事訪問が５月の下旬に予定されています。できればそれに間に合うように問題づくりを行いたいのですが，そんなにうまくいくかどうかもむずかしいところです。

これは，1999年４月２日，松村聡教諭（福井県松岡小学校：宇都宮清司校長）からの電子メールです。松村さんは当時，私の研究室に属する現職の大学院２回生でした。半年前から総合的な学習の理論的研究を行い，私たちにとって総合的な学習における最初のポートフォリオ実践となった大野市の森目小学校（早川きよみ校長）の授業を何度か参観していました。そして，この年，学校に戻って５年ろ組を担任しながら，修士論文作成のために**評価規準**に着目した総合的な学習のポートフォリオ実践をしようということになりました。

【評価規準　criteria】

総合的な学習では，18頁に示したように6つの評価の観点に分けることができますが，評価規準は，それぞれの観点を細目化具体化した行動を質的に記述したものです。何を評価するかに関する質的な拠り所となります。柔軟な時間割編成を行い，家庭や地域とも連携して子どもの学びをしっかり見据えた支援が必要となります。

1　まずは書くことから

【1】当初の不安

松岡小学校では，“ふるさと学習”と呼ぶ総合的な学習の時間を全学的に設けることになりました。普通の学校で普通の先生が普通の子どもを教える学校です。

さて，ポートフォリオの準備は，前年度末から始めるのがベストですが，２学期や３学期などの新学期からでもよいでしょう。子どもたちは，学期初めからポートフォリオを本格的に使うわけではありません。最初の１か月は，**ポートフォリオづくりのための準備期間**と考えたほうがよいのです。とはいえ，最初が肝心！　まず行うべきことは，**子どもが気づいたり，感じたこと，調べたことなどを何でも書くという習慣をつけること**です。それで，松村教諭は，冒頭のような質問をしてきたのです。

【2】「見たこと帳」をつけさせる

「**見たこと帳**」というのは，1970年代に有田和正氏（当時，筑波大学附属小学校）によって，子どもたちが「聞いたことではなく自分の眼で確かめなさい」ということを気づかせるために考案されたもの。その考え方は，後に上條晴夫氏（当時，山梨県沢松小学校）の『見たこと作文でふしぎ発見』（学事出版，1990年）として受け継がれています。

松村教諭は，これらの先行実践に学びつつ，新年度初めから「見たこと帳」を子どもたちに書かせようと思ったのですが，どのように導入すべきか悩んでいました。

私は，「見たこと帳にしても，ファイルしやすいようにシートにしてください。最初は，書き方の指導と励まし，そして，子ども同士の共有化が大切でしょう。新採用の先生にもお願いしてください」と答えました。

これに対し松村教諭からは，「ノートのほうが連絡帳やほかの宿題などとあわせて活用しやすいのですが。詰まったノートを替え紙式の透明シートに入れておけば，ファイルすることは可能です」とのこと。私も「なるほど」と思って，早速了解の返事を出しました。

私はまた，「５月の指導主事訪問の際には，問題づくり程度ならできる可能性があります。しかし，その時点で総合学習の全体の見通しが先生になければなりません」と言いつつ，他方では「できない場合には，『焦らず急がず』，ポートフォリオを見てもらう程度でもよいと思います」とも言っておきました。**実際，アメリカの指導主事は，学校訪問の際にまずポートフォリオを見て，それから授業参観を行っています**[(1)]。校長室で説明を聞いて，授業を一コマ見て終わりというのでは，子どものリアルな学びの姿をつかめません。ですから，「ポートフォリオを見てもらう程度でもよい」というのは気休めではなかったのです。

【３】習うより慣れよ

書いて学ぶことは，生活綴方の伝統もあってわが国のお家芸のようなもので，古くは東井義雄氏の小学校の「学習帳」や大村はま氏の中学国語の「学習帖」，新しくは有田和正氏の「はてな帳」と先行実践を数え上げたらきりがありません。これらの先行実践に学ぶことが大切です。

例えば大村氏のように，初めは子どもが書くようになる習慣をつけ，**徐々に書く量を増していく**手法をとったほうがよいと思います。その指導法は，次のようなものでした[(2)]。（下線筆者）

> 「まず落伍者をつくらないようにしたい。そのために内容のよしあしよりも，書いてあるかどうか，とにかく書く習慣をつけることに重点をおきたい。書くことを忘れさせないように，書こうとしていても書くことがわからないということのないように，次のような方法をとる。
> ○１時間ごとに，その時間の記録として，<u>どういうことを書いたら</u>

よいかを，その時間の終りに示し，時によっては掲示もする。
○次の時間の始めに，前の時間の記録の始末をする。ざっと全体を見まわって，よく書けているのを見い出しておいて読ませる。共通の注意を一つか二つする。数人ずつ持ってこさせてそれぞれについて，かんたんに批評する。
○よくまとまっているのを掲示する。
○全体に困難らしいこと，たとえば話の要点をまとめておくことなど，どの程度書いてよいか要領ののみこめない者が多いときは，実例を見せるようにする。
○数人の特色ある記録をそのまま掲示板に出して短評をつけておく。」

そして，東井氏の言うように，「『無駄』や『ごまかし』のない評価のためには，結局，子ども自体の，その学習の中で芽生えた，ものの感じ方・思い方・考え方・処理の仕方を一貫する，その子どもの『生活の論理』の高まり方を評価していくという心構えが大切だ」(3)ということをかみしめるべきでしょう。

さらに，小学社会の「ネタ」と称する教材づくりで知られる有田氏は，「研究ノート」「お話の文」「見たこと帳」から「はてな帳」へと角度を変えながら，長年，書くことにこだわってきた実践家ですが，「鉛筆から煙の出るスピードで書く」(4)ように励ませば，子どもにとって強い動機づけとなるはずです。

しかし，大村氏の方法は国語の授業法であって，総合的な学習の時間にはそのまま使えません。子どもの問題発見力を鍛えるためには，有田氏の「はてな帳」は有効でしょうが，総合的な学習では，もう少し子ども自身の体験や観察をじっくり幅広く見て振り返らせる機会を設けたほうがよいでしょう。東井氏の「学習帳」の指導法では少し古すぎて，そのままでは使えません。

結局，松村教諭は，「はてな帳」の前身である「見たこと帳」を採用することにしました。子どもが見たことを詳細に書くようにして，小さな発見をほめて，あらためて見るようにする。普段から子どもが学んだことや気づいたことを書かせて，徐々に書いた量から質に向けさせていく。ただし，子どもに書くことを強制することはマンネリ化になるので避ける。そのようにして書くことに慣れさせたいと考えました。

工夫のしどころ② 「書かせるために」

松村聡（松岡小学校）

「見たこと作文」は，2学期の後半から「考え帳」と名前を改め，文字どおり「見たこと」から「考えたこと」へとレベルアップを図る書く活動を取り入れました。これは，ポートフォリオでの「振り返り」を繰り返すなかで，自分を見つめ直す活動に深まりを感じ，さらにそれを日常的に取り入れられたらという思いと期待が混じっての変更でした。

さらに次学年になって，この「考え帳」は「12歳の記録」と題して，学習や行事などの節目で心の成長を綴っていく書く活動へとつながっていきました。

このノートは，自分の気持ちや考え方，生き方を振り返らせる「パーソナルポートフォリオ」とでもいったらいいのではないでしょうか。卒業を間近に控えた子どもたちに，記念に残る大切な一冊となることでしょう。

【4】何のために書くのか

総合的な学習において何のために書く必要があるのかという問題についても考えておいたほうがよいでしょう。子どもに「何でもよいから見たこと，気づいたことを書きなさい」と指示するだけでは，書くことは長続きしません。

第一に，総合的な学習では，調査や体験をしながら学んでいくことが多いので，書くことが大切になるからです。教科書がないということも書く必要性が大きい理由としてあげられます。

そして，子どもたちに書かなければならないと思うような状況をつくり出すことです。例えば，子どもに調べたり，体験したことを口頭で発表させると，教師やほかの子どもには伝わりにくい。デジタルカメラにとって何もメモしていないでいるとき，皆に説明するように求めます。すると，要領を得た説明ができません。そこから，**わかったり，気づいたことを書いて残す必要性**に気づかせます。

第二に，「“わかったことを書く”だけでなく“**書いてからわかる**”という面がある」(5)からです。このことは，生活綴方の実践家が繰り返し述べてきたことです。曖昧な事柄でも書き出すと，何が問題かということがわかったという経験があるはずです。また，子どもが実際に見たことを書いても，ほかの子どもや教師から見れば，違った視点で違った見え方がするものです。ポートフォリオの使い方も上級レベルになり，自己評価能力が高まると，子ども自身が**学習物等**を別の視点から振り返って，新たな知見を得るということもあります。

【学習物（等）】

学び手が調べたり，話し合ったり，ものをつくったりして残したもの(下書きを含む)が学習物です。例えば，アンケート結果，学びのめあて，学習記録やメモ，写真やビデオテープ，日記や作文，手紙，絵やイメージマップ，インタビュー記録，チェックリストなどです。それに自己評価や他者評価などを加えて「学習物等」と呼びます。

アメリカでも全体言語（whole language）という運動が生まれ，わが国の生活綴方に学ぼうという動きもありますが，そこで教師が子どもに尋ねるもっとも重要な問いは「それでわかった？」ということです(6)。書くことは，自己発見の行為でもあり，それは，総合的な学習における「生き方」というねらいにも結びつきます。

第三に，教師にとって，子どもが書いたものを読むことを通して，総合的な学習の時間で**どのような学びを組織し，方向づけるのかということがつかみやすくなる**からです。前述のように，松村教諭は，いつごろになれば，総合的な学習の課題を設定できるのかということが不安でした。しかし，そのようなことも，子どもがポートフォリオに書いたものを読むことによって杞憂となります。

【5】入れ物を選ぶ

ポートフォリオは，子どもの学習物等の入れ物ですから，必ずしもファイルでないといけない訳ではありません。大きな箱でも薄っぺらなフォルダーでもよいのです。それは，どんなポートフォリオにするかという目的によって変わります。(33～35頁参照)

松村教諭の場合には，一人一人の子どもに持たせて，１年間使用する子ども用ポートフォリオを考えていました。また，森目小学校の経験から，小学生にはＡ４判よりＢ４判のリング・ファイルのほうがよいこと，スティック・ファスナーやレバー・ファイルでは，使い勝手が悪いということもわかっていました。Ａ３判では大きすぎます。透明クリア・ファイルでは値段が高すぎます。あらゆる学習物等をパソコンに入れるという点でデジタル・ポートフォリオは優れていますが，普通の学校ですから，予算的に無理です。

このようなポートフォリオの入れ物を検討した後，結局，松村教諭は，Ｂ４判のリング・ファイルを隣の新任の先生の学級を含めて２学級分購入することに決めました。(時間さえあれば，100円ショップでＢ４判のファイルを注文できたのですが，時間不足のため，教材屋さんから350円程度のファイルを購入することになりました)

Ｙ女の年度初めの決意

【6】課題決定までに「書く」指導をする

次に，松村教諭が課題決定までにどのように書く指導をしたのかということを紹介しましょう。

４月６日，学級開きの際に，子どもたちに「５年生になってがんばりたいこと，１年後にどんな力をつけていたいか」ということを小さな画用紙に書かせました。例えば，Ｙ女

ポートフォリオとして使われている入れ物

リング・ファイル式

松村学級では，自分のポートフォリオに愛着を抱くと，表紙にイラストを描く子どももいます。森目小学校でもこのファイルを採用。新潟県の大手町小学校がこれを採用していることに学びました。

ケース・ファイル式

愛知教育大学附属岡崎中学校で使っているもの。ただし，生徒にポートフォリオを選ばせるのも学び方につながるということで，生徒一人一人が違ったタイプのポートフォリオを選んで使っています。

フラット・ファイル式

松村学級で班活動のときには，ペーパー・ファスナーでとめたファイルを班で持たせます。とにかく値段の安さが魅力。名古屋大学教育学部附属中学校では，これを個人用ポートフォリオとして使っています。

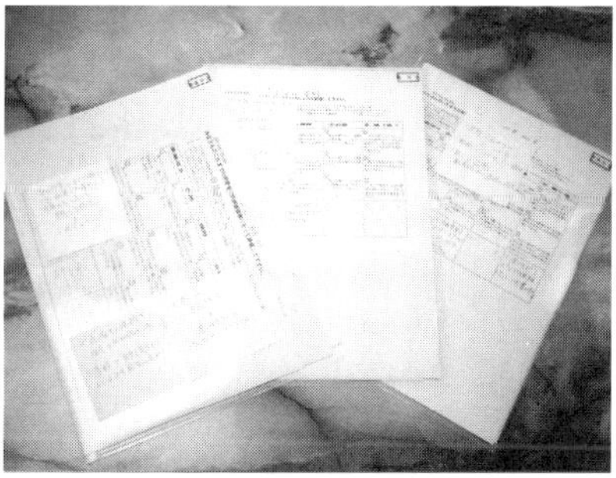

クリア・フォルダー式

鯖江中学校で使っているもの。教師が一人一人生徒のベスト学習物等をファイルします。生徒はリング・ファイル式の個人用ポートフォリオからベストの学習物を教師に渡します。透明で学習物が見えるのがミソです。

クリア・ファイル式

私の担当する大学の授業では，学生はこのファイルを使っています。差しかえ自由で，リングではないので，穴をあける必要もありません。横から出し入れできるものを選べば，学習物等が抜け落ちる心配は無用。やや高いのが唯一の欠点です。

ドキュメント・ファイル式

大阪教育大学附属平野中学校では，3か年の総合的な学習の学習物をこの折りかばんに収めて，まとめや成果の発表資料づくりに役立てます。広げれば20センチ以上の幅になって，収納力は抜群です。

あまりお勧めできないもの

ファイルボックス式

レバーファイル式（下）個別フォルダー式（上）

ファイルボックス式は，学習物を整理するときに面倒です。レバーファイル式は，学習物が抜け落ちる危険性があります。個別フォルダー式は，さまざまな種類の学習物を入れることができません。ただし，子ども１人に１つの透明な個別フォルダーを教師用ポートフォリオに組み込むと，比較的使いやすくて便利です。

ポートフォリオの収納の仕方

松岡小学校の棚

教室の後ろには，カバンや持ち物を入れる2段式の棚があります。その上にポートフォリオを入れてあります。

手さげかご

鯖江中学校では，このようなかごに子ども用ポートフォリオを入れて，持ち運びしています。

透明ボックス

福井大学附属中学校で使っているこのボックスは，学習物等が見やすく，付箋を貼ると，取り出しやすい点で優れています。

手さげボックス

福井大学附属中学校では，このようなボックスに学級全員の生徒のベスト学習物等を収納しています。

ポートフォリオ・ライブラリー

森目小学校には，各学年の子どもたちがつくったポートフォリオが職員室横の書棚に収められています。そこには，総合的な学習だけでなく算数や保健の子ども用ポートフォリオが並べられています。

下級生は，上級生のポートフォリオを見て，これからの学びの参考にすることができます。また，学外の訪問者は，このライブラリーにあるポートフォリオを見て，本校のこれまでの実践の模様を子どもたちの学習物等によってリアルに知ることができます。

は，32頁のような決意を記しています。

「見たこと帳」は，４月８日に１時間かけて書き方を指導し，宿題として書いてくるように指示しました。翌日，子どもが“ほこり”や“タンポポ”や“手”などについて書いたものを見ると，疑問は書いていますが，疑問を調べた子どもはいません。それで「疑問が出たら**まず予想を立てる**とよい」と助言しておきました。

【モデリング　modeling】
教師や子どもや地域の人々のような他者の行動を観察することによって学ぶことで，コーチングの一環としてしばしば用いられます。とりわけ学び手が今やろうとしている事柄に関してそれに熟達した人の行動を観察すると，自分は何をいかにすべきかということがわかります。その際に考えたことを文字や声に出して表現することが有効です。

１週間後の学級通信『レッツ，トライ！』の第３号第４号合併号には，「花」特集として見たこと作文が掲載されています。たしかに，予想も書いている子どももがいます。

実は，この時点では，松村教諭は，大村はま氏の前掲書を読んでいなかったのですが[7]，よく似た授業法をすでに使っていました。例えば「よくまとまっているのを掲示する」という方法は，見たこと作文のうち優れたものを学級通信に掲載して，それをモデルにしてほかの子どもにも書かせようという方法と通じるものがあります。**モデリング**の活用です。

【７】課題に自信をもつ

また，そのころ，社会科でも単元「わたしたちの生活と食糧生産」の最初に「食事のメニューで一番好きなものは何ですか」と尋ねたところ，学級の子どもたち全員が手を挙げたのがカレーライスでした（『レッツ，トライ！』第９号）。そこから「おいしいカレーをつくろう」という食材の調べ活動が始まります。

３月末に配当学年が決まったとき，私は，この「農業」単元と１学期末の学年キャンプのカレーづくりとを何とか結びつけるような総合的な

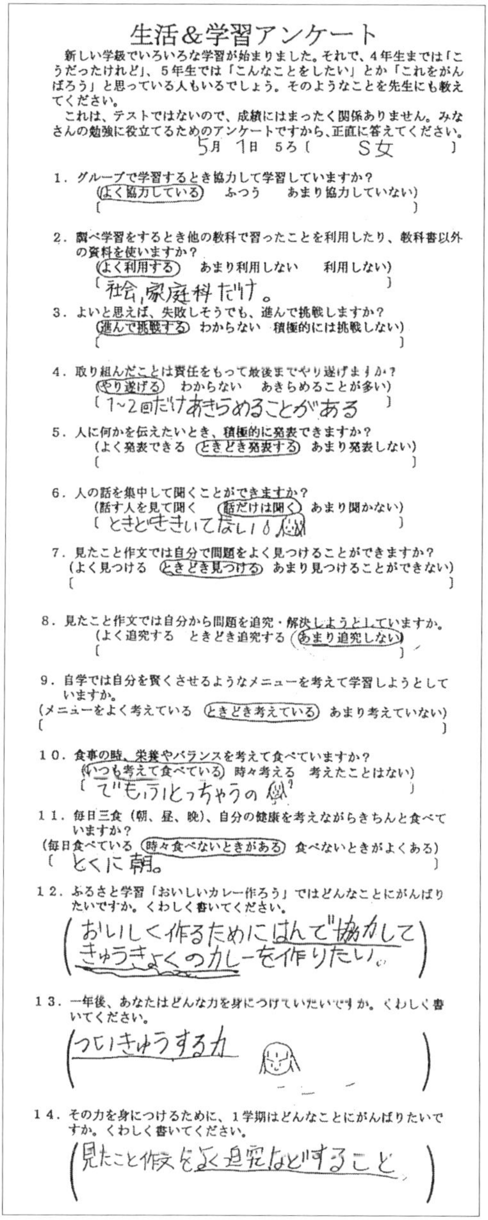

生活&学習アンケート

新しい学級でいろいろな学習が始まりました。それで、4年生までは「こうだったけれど」、5年生では「こんなことをしたい」とか「これをがんばろう」と思っている人もいるでしょう。そのようなことを先生にも教えてください。

これは、テストではないので、成績にはまったく関係ありません。みなさんの勉強に役立てるためのアンケートですから、正直に答えてください。

5月 1日 5ろ〔 S女 〕

1. グループで学習するとき協力して学習していますか？
(よく協力している　ふつう　あまり協力していない)
〔 〕

2. 調べ学習をするとき他の教科で習ったことを利用したり、教科書以外の資料を使いますか？
(よく利用する　あまり利用しない　利用しない)
〔社会,家庭科だけ。〕

3. よいと思えば、失敗しそうでも、進んで挑戦しますか？
(進んで挑戦する　わからない　積極的には挑戦しない)
〔 〕

4. 取り組んだことは責任をもって最後までやり遂げますか？
(やり遂げる　わからない　あきらめることが多い)
〔1~2回だけあきらめることがある〕

5. 人に何かを伝えたいとき、積極的に発表できますか？
(よく発表できる　ときどき発表する　あまり発表しない)
〔 〕

6. 人の話を集中して聞くことができますか？
(話す人を見て聞く　話だけは聞く　あまり聞かない)
〔ときどききいてない！〕

7. 見たこと作文では自分で問題をよく見つけることができますか？
(よく見つける　ときどき見つける　あまり見つけることができない)
〔 〕

8. 見たこと作文では自分から問題を追究・解決しようとしていますか。
(よく追究する　ときどき追究する　あまり追究しない)
〔 〕

9. 自学では自分を賢くさせるようなメニューを考えて学習しようとしていますか。
(メニューをよく考えている　ときどき考えている　あまり考えていない)
〔 〕

10. 食事の時、栄養やバランスを考えて食べていますか？
(いつも考えて食べている　時々考える　考えたことはない)
〔でもうとっちゃうの〕

11. 毎日三食（朝、昼、晩）、自分の健康を考えながらきちんと食べていますか？
(毎日食べている　時々食べないときがある　食べないときがよくある)
〔とくに朝。〕

12. ふるさと学習「おいしいカレー作ろう」ではどんなことにがんばりたいですか。くわしく書いてください。
(おいしく作るためにはんで協力してきゅうきょくのカレーを作りたい。)

13. 一年後、あなたはどんな力を身につけていたいですか。くわしく書いてください。
(ついきゅうする力)

14. その力を身につけるために、1学期はどんなことにがんばりたいですか。くわしく書いてください。
(見たこと作文をよく追究などすること)

図1　生活&学習アンケート

学習（「ふるさと学習」と称す）ができるだろうと思っていました。しかし，松村教諭は，ほんとうにできるか否か半信半疑だったように思います。

4月28日，子ども用ポートフォリオの導入の仕方と保護者用プリントの素案が電子メールで送られてきました。そして，5月1日に**図1**に示すような「**生活＆学習アンケート**」を子どもに実施し，そこで「カレーづくりでいける」という確信に近いものに変わったといいます。

というのは，アンケートの結果，学級の子どもの約半数が教科書以外の資料を使って調べることが苦手であり，3分の1が朝食などを抜いており，栄養や食材の安全性に対する認識も十分ではないけれども，12番目のカレーづくりを問うた項目に対しては，積極的であったからです。

また，S女は左図の12に示すように，カレーを「おいしく作るためにはんで協力してきゅうきょくのカレーを作りたい」と“究極”という言葉を使っています。松村教諭は，「なるほど，これならば，息の長い総合的な学習でもやっていけるのではないか」と思ったそうです。

総合的な学習の実施の前に，このようなアンケート等によって学級全体の子どもの興味関心や実態をつかんでおく必要があります。

ただし，まだこの時点では，教室の後ろに「まきたしんじ」さんの有名な詩「教室はまちがうところだ」を掲示しているものの，学級通信も教師側からの情報発信の傾向が強かったので，4月29日に次のようなメールを送りました。

「子どもから何かを学ぼうという姿勢があったらよいなあと思いました。だって，教師は，教えるばかりでは，醍醐味がないでしょう。先生が失敗を教室でするところだと子どもに『言って』も，先生が失敗をして，そこから回復する姿を『見せる』（これを心理学ではモデリングといいます）ほうが数倍効果的っていうこともあります」

2　子どもの特性に注目する

【1】 総合的な学習向きの子どもとは

【思考スタイル　thinking style】
あの人はコツコツやるタイプとか熱中するタイプとかいわれるように自分の能力を使う際に好んで行う仕方のこと。スターンバーグ（Sternberg, R.J.）は思考スタイルの機能・形態・水準などで確認できた型を示しながら学校や職場でもこれらの思考スタイルを考慮する必要性を唱えています。

教科学習ではさっぱり目立たないけれども，総合的な学習になると俄然力を発揮して目立つ子どもがいます。そのような子どもは，ペーパーテストは苦手でも，プロジェクトは得意というタイプです。

その原因は，子ども自身の特性の違いにあるように思います。例えば，スタンバーグ（Sternberg, R. J.）は，人によって考え方や能力の使い方に好き嫌いの違いがみられるという“**思考スタイル**”概念に依拠しながら，教授法との関係を次のように特徴づけました[8]。

表１　思考スタイルと教授法

教授法	教授法といちばん合うスタイル
講　義	順守型，序列型
考えさせる質問	評価型，立案型
協同（集団）学習	協同型
あたえられた問題の解決	順守型
プロジェクト	立案型
小集団： 事実的質問に生徒が答える	協同型，順守型
小集団： 生徒がアイデアを議論する	協同型，評価型
読　書	独行型，序列型
暗　記	遵守型，微視型，保守型

思考スタイルに照らしてみると，総合的な学習の時間で活躍できそうなのは，協同型，立案型，評価型の子どもでしょう。しかし，そのような子どもは，知的教科の授業でよく使われる講義や指導された問題解決や暗記は苦手です。子どもの思考スタイルによって最適な授業もあれば，最悪の授業もあるということです。

とすれば，教師は，一人一人の子どもの思考スタイルを考慮しながら授業を進めていくべきでしょう。授業で用いる方法によって評価法も変えなければなりません。とりわけ総合的な学習では，体験や発表などのパフォーマンスが特徴ですから，それをしっかりと評価してやる必要があります。

また，ガードナー（Gardner, H.）は，人間の知性には８つの側面（①空間的，②言語的，③論理数学的，④音楽的，⑤身体運動的，⑥対人的，⑦内省的，⑧博物的）があるという**多重知性**（Multiple Intelligences）理

【多重知性　Multiple Intelligences】

人は多様な認識方法をもっているという考え方に立って脳神経学者で認知心理学者でもあるガードナー（Gardner, H.）が提唱している理論。例えば，言語的な学び方が優れている人もいればビジュアルな学び方や人間関係を通して学ぶのが得意な人がいます。したがって，教師は，一人一人の子どもの多様な認識方法を見きわめてそれに合わせた支援をしたり多様な表現を伴った学びを導く必要性があるということです。

【ブレーンストーミング　brainstorming】

オズボーン（Osborn.A.F）によって始められた小集団で創造的な思考を生み出すための技法。アイデアの①よしあしの批判をしない②自由に出す③数多く出す④組合せをするというルールを守って進行役がうまくリードすれば，独創的なアイデアを生み出すことができます。

【ウエビング　webbing】

総合学習における課題やテーマを中心に据え，そこから思い浮かんだり興味関心のある事柄をクモの巣をはるように次々とつなげていきながら問題づくりの手がかりを見いだす手法のこと。

論を提唱し，それぞれの知性を考慮した授業が広く実践されています(9)。この理論に従えば，ペーパーテストに強い人は，②言語的，③論理数学的知性が優れているということです。

【2】ビジュアルな学び方や表現法

ガードナーの考え方に基づくと，学校の授業は，言葉による論理的な説明が多いので，②言語的や③論理数学的な傾向の強い人には有利になります。他方，①の空間的で視覚的な知性が強く発揮される人は，文字で学ぶよりもビジュアルな学び方のほうが得意なはずです。

ハィレール（Hylerle, D.）によれば，ビジュアルな学び方は，次の３つに分かれるといいます(10)。

(a) **ブレーンストーミング**の網は，**ウエビング**のように一人一人がもっている知識を表現して問題や気づかなかった事柄を見いだす発想法。

(b) 課題を特定した組織図，特定の内容に関して図解をしてわかりやすく説明する方法。

(c) 思考過程の地図は，**概念地図**法を拡大させて，イメージマップのように，個人が何を考えているのかということを表現する方法。

このような個人的な特性とそれに合った学び方についての研究は，わ

【概念地図　concept mapping】

学び手が既習概念の定着や概念相互の関連づけ方を評価するために四方八方に概念をつなげていく方法です。最近では，特定の概念の定着や広がりを階層的にみる方法としてより，総合的な学習や構成主義に基づく教科学習においては学び手の思考過程やイメージを探るための「イメージマップ」として用いられています。

が国でも，北俊夫氏（当時，東京都教育委員会指導主事）が，現代の子どもが視覚的表現を得意とすることに注目して，概念を絵図化したり，思考の過程や結果を目に見える形にするために社会科の授業にイラストを導入することを提唱しました。「自分の考えをイラストで表現するのが得意な子どもと，そうでない子どもが，現実的にいる」(11)といいます。

ここにいう“イラスト”とは，「自分のイメージや概念を絵図化したものであり，その子なりの思考の過程や結果を目に見えるものに表したもの」ですから(12)，ハィレールの分類の(c)思考過程の地図に近いものでしょう。とはいえ，まとめのイラストもあってよいとしていますから(13)，(b)の図解というとらえ方も含んでいます。このように，子どもがイラストを描くことは，学習活動でもあり，表現活動でもあるのです。そして，次のようにいいます(14)。

「評価活動が時間の経過の中で連続していることがわかる。各観点相互の関係を見ても，個々バラバラではなく，有機的にかかわり合っている。（中略）このように個の学習状況の変容，及び学級としての傾向の変化を把握していくことが“タテの評価”である。

学習状況を『総合的に』とらえるもう一つの側面は，“ヨコの評価”である。これは，ある時点での子どもの学習状況を可能なかぎり多面的に見とり，その背景なり契機なりを探ってゆこうとするものである」と。

これは，ポートフォリオの特徴である多面的多角的長期的な評価ということではないでしょうか。そこでは，「子どもが意欲的に学習のめあてをもち主体的に解決していく授業の創造や，子どもの個性や発想を大事にし多様な考えを引き出していく教師の姿勢が，強くかかわっている」(15)のです。

【3】2つの“かく”ことを大切に

「保護者は，自分の子どもに対して高いことを望みすぎる」ということが保護者懇談会などの後で，教師同士の話で出ることがあります。このことを多重知性の観点で考えてみましょう。たしかに，保護者は，ペーパーテストで測りやすい②言語的，③論理数学的な知性に関しては，その子どもに高いことを望んでいるのかもしれません。しかし，教師は，ほかの知性に対して目を向けているのでしょうか。

また総合的な学習で有名なある公立中学校を訪問して，「この時間は，テストの出来の悪い子どもの活躍の場があるので，意義がある」という話を聞いたことがあります。たしかにそういう面はあるでしょう。しかし，その子どもの言語的，論理数学的な知性はここまでだから，育てる必要はないというわけでもないでしょう。

現在私たちは，このように**多様な知性を認めながら，同時に多様な知性をできるだけバランスよく伸ばしたい**と思い，とりわけ書くことと描くことという２種類の“かく”ことを大切にした研究を進めています。

しかし，松村教諭が総合的な学習を始めた４月の時点では，「見たこと帳」づくりに一生懸命で，ビジュアルな表現をした子どもの学びを評価し，励ますようなことはありませんでした。子どもたちもビジュアルな学び方やまとめ方の重要性について意識していませんでした。

とはいえ，４月末，Ｓ男は，米づくりについて上手なイラストやキャラクターで説明し，それをポートフォリオに入れて家庭に持ち帰り，母親に見せるとほめられたということがありました。

実は，この話には後日談もあって，年度末に母親がＳ男のポートフォリオに収められたベスト学習物とワースト学習物を見て，「文章が乏しい。もっと詳しい説明を入れてほしい」という感想を寄せ，本人が「自分の課題」として「文章量をもう少しつけたほうがいいと思いました」と書いて，新たなめあてを立てるようになりました。ポートフォリオを家庭と連携しながら使ったことによる教育的効果です。

しかし，一般的には，総合的な学習では，ほとんどの子どもは，調べたり，体験したり，考えたことを文章で表現するほうが圧倒的に多いのです。Ｓ男のポートフォリオでさえ文字で書いた学習物がビジュアルな学習物を凌《しの》いでいました。

文字による学びや表現から脱却するチャンスは，子どもたちが総合的な学習で調べたり，わかったことを発表するときに訪れました。

例えば，４月末の時点では，Ｙ女は，「種もみ」「稲づくり」などを文章でぎっしり書いていました。ところが５月15日に「お米調べ発表会」があって，文字資料だけでは皆にわかってもらえない，アピールできないことに気づきます。そして，19日には，学び方の評価の観点を学級全員で定め，自分のまとめ方や発表のめあてを「文字だけでなく絵でも示す」こととしました。

Ｙ女は，32頁の年度初めの決意に示しているように，図工が好きで，得意な子どもです。国語の成績も優秀です。しかし，絵は図工で，文章は国語でという区別を自分のなかでしてきました。ところが，総合的な学習の時間に発表すると，文章だけでは十分ではないことを痛感します。ほかの子どもがビジュアルな学びをしていることを目にします。そのような自然な気づきから，ビジュアルな学びや表現を意識的に取り入れるようになっていきます。

注

(1)Association for Supervision and Curriculum Development, *Teacher Portfolio* (Video Series) Association for Supervision and Curriculum Development, 1997.

(2)大村はま『国語学習記録の指導』［大村はま国語教室第12巻］筑摩書房，1984年，69-70頁。

(3)東井義雄『授業の探究・授業の技術』［東井義雄著作集４］明治図書，1972年，328頁。

(4)有田和正『学年別板書事例とノート指導』(追究の鬼を育てる　有田和正著作集　第13巻）明治図書，1989年，21頁。

(5)茂呂雄二『なぜ人は書くのか』東京大学出版会，1988年，126頁。

(6)Goodman, K. *What's Whole in Whole Language?*, Heineman, 1986, p.40.

(7)参照　田中耕治・西岡加名恵『総合学習とポートフォリオ評価法入門編』日本標準，1999年，44頁。

(8)R. J. スタンバーグ[松村暢隆・比留間太白訳]『思考スタイル』新曜社，2000年，156頁。

(9)Gardner, H. *The Disciplined Mind*, Simon & Schuster, 1999, p.72.

(10)Hylerle, D. *Visual Tools for Constructing Knowledge*, Innovative Sciences, Inc .1996, p.27.

(11)北俊夫『イラストを取り入れた社会科授業』明治図書，1986年，140頁。

(12)同上，2頁。

(13)同上，110頁。

(14)同上，126頁。

(15)同上，144頁。

第3章 総合的な学習のデザインと実際

「新学習指導要領の伝達講習会に参加し，新学習指導要領も熟読して，国語の目標分析から始めていますが，それだけでも大変なのに，教科の目標と総合的な学習の目標の関連づけまでしなければならないというのは，ほんとうに気が遠くなります」

これは，昨年の夏休み，私の大学の大学院公開講座（現職教員対象）のグループ討論の場で，１人の小学校の先生から出された感想です。

それを聞いて，かつて観点別評価に関して電話帳ほどもある冊子をつくったものの，肝心の授業に生かすころには疲れ切って，授業で役立てられなかったという学校があったことを思い出しました。

ほんとうに学校の先生は，まじめです。新学習指導要領が発表されれば，それをマスターしようと一生懸命になります。しかし，この先生の感想に代表されるように，どうも今回設けられた総合的な学習を従来の教科学習の連続線上にとらえていて，学習観や評価観の転換ができていないために，空回りに終わっているように思います。

では，どのようにすれば学習観や評価観を転換できるのかというと，まず**カリキュラム・デザイン**の考え方を理解することから始めるべきではないでしょうか。

【カリキュラム・デザイン curriculum design】
教師がどのようなカリキュラムを編成するのかというモチーフや構造を立案する際の考え方。何か一つの凝集した年間指導計画や単元や授業をその効果の検証も含めて立案しますが，その過程は，目的から内容，方法，評価と直線的に進むのではなく，教師の振り返りや同僚の助言，学習者の経験なども踏まえて，行きつ戻りつしながら進められます。

1　総合的な学習における教師

【1】自ら体験的に学ぶ

総合的な学習では，教科書がありません。だから何を教えるのかを事前に確定できません。総合的な学習では，本に頼った学びだけでなく，自ら行動したり，観察するような体験的な学びが求められています。とすれば，教師自ら体験的な学びをすることから始めてはどうでしょうか。

例えば，福井県芦原町の本荘小学校（藤井さち江校長：教員数10名）では，昨年度の夏休み，教員が校区内で何かテーマを見つけて，調べる自由研究を行いました。“教師版の総合的な学習”です。校区外に住むある教師は，校区の生き物を観察してデジタルカメラに記録しました。ほかの教師は，グループで祭りに関するアンケートを行ったり，十郷用水の今昔を校長先生と一緒に調べて，パソコンにまとめて，ウォークラリーの可能性を探りました。そして教頭先生は，その成果を校区マップにまとめる手助けをしました。

このように教員が体験的な学びを行ってみたほうがよいと思います。そこで五感を働かせた体全体の実感を伴うわかり方が生まれ，地に足のついた疑問が湧き出ます。その感覚を磨いておくと，子どもが総合的な学習をする際にも柔軟で適切な対応ができるように思います。

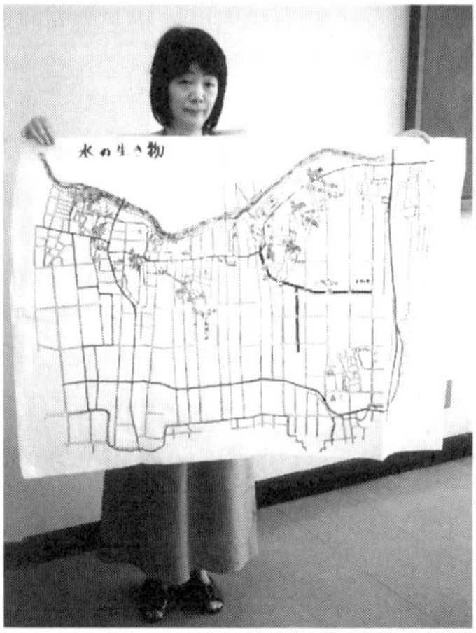

教師でつくった校区マップ

小学校低学年のころは行動的に学び，中学年になると，観察や図解を見ながら「あのようにするのか」という学びを取り入れるようになり，高学年からは文字や記号を駆使して学ぶようになります。中学生以降は，入学試験対策ということもあって，文字や記号による学び方にのみ頼ることが多くなりますが，ほんとうは，行動的，映像的，記号的な学びを重ねながら学ぶとものごとがより実感を伴って深くわかるようになるものです。

教師も（小学高学年以上の）子どもも学び方は，基本的には同じです。とすれば，体験的な学びをしてこなかった教師は，子どもが総合的な学習で体験的に学ぶのを支援することはできないということです。

【2】カリキュラム・デザイナー

カリキュラムとは，競技場を「走る」というラテン語に由来し，「学びのコースや内容」を意味します。しかし，学習指導要領には，総合的な学習の目標も内容も示されていません。年間100時間程度の「時間」を設けているだけです。だから，総合的な学習では，目標，内容，方法，評価というカリキュラムの要素すべてを教師が勘案して，カリキュラムを編成しなければなりません。

ただし総合的な学習では，目標から内容，方法へと降ろしていく伝統的な方式では，カリキュラムを編成することがむずかしいのです。というのは，総合的な学習のねらいの一つを“問題発見”としているように，学ぶべき目標は，学びの初期の段階でははっきりしていないからです。

総合的な学習の目標は，学びの途上で明らかになることが多いので，伝統的なカリキュラム編成法とは異なる方法に頼らざるをえません。そこで注目されるのがカリキュラム・デザインという考え方です。

例えば，車のデザイナーは，排気ガス規制法やエンジン配置などの制約を受けながらも，乗り手である消費者（エンド・ユーザー）の要求を強く意識して仕事をしています。いまや単に“安く大量に生産した”ような画一的な車では，消費者は満足しません。

消費者は外見的な格好のよさを求めているのか，運転しやすい人間工学に基づくデザインを求めているのか，広さと乗り心地のよさを求めているのか，という的確な判断が必要です。そのような消費者の要求を車のモデルチェンジに反映させ，新たな車のデザインに取り組むのです。

同じようなことが総合的な学習に携わる教師にもあてはまります。教育のエンドユーザーとは，“子ども”です。総合的な学習では，学習指導要領の制約がほとんどないとしても，学校や保護者や地域の実態，教師の力量などの制約があります。子どもにも言語だけでなく行動や観察のような多様な学び方が得意な者がいて，学びの伸びも違います。だから教師は，個々の子どもの学びに応じた活躍の場を与えて，学びに対する自信を育ててやる必要もあります。教師はそれらを踏まえながら，カリキュラムをデザインしていくのです。

要するに，教師は，子どもの学びを研究して，次の学びに生かすデザイナーです。総合的な学習では，学者や専門家が事前に単元プランを作成し，それを学校で実施し，効果を検証するというような伝統的な手法が通用しません。総合的な学習では，調べ活動やものづくりなどの人的物的な教育資源や時間的な設定が必要ですが，それを学校や地域の状況に応じて的確に判断できるのは，教師以外には適任者がいないからです。

【3】大局を見きわめて，繊細に支援する

総合的な学習のカリキュラムには，マクロとミクロのレベルにおいて“評価と学びの連動”を図るシステムを組み込まなければなりません。

ミクロレベルの評価は，ポートフォリオによって行います。そこでは，教師が一人一人の子どもの学びをたんねんに点検し，新たな学びにつなげます。そのような子どもの学びに対するきめ細かな支援が必要です。

マクロレベルの評価は，「**カリキュラムに埋め込んだ評価**（curriculum-embedded assessment）」と呼ぶもので，「定期

【カリキュラムに埋め込んだ評価 curriculum - embedded assessment】

子どもたちの学びが進む過程で，正規の指導計画の一部として，教師が最適と思う時に評価をして，カリキュラム修正に役立てるための情報を集めること。例えば，総合的な学習の中間発表会の多くは，そのような役割を果たしています。

的な教授プログラムの一部として，教師によって最適と思われるときに用いられる評価」[(1)]です。

総合的な学習では，何か特定の事柄を調べると，その都度，発表したり，まとめたりします。それは，追究すべき課題が確定し，子どもが自分で見いだした問題にそって追究活動をしていくという大きな流れを考えるカリキュラム・デザインの段階で組み込むべきものです。そのような**発表の場**で得られた評価情報は，ときにはカリキュラム・デザインの軌道修正をする大きな契機にもなります。

また，子どもたちは，何か課題にそって問題を設定し，一生懸命に調べて，発表して終わりという立て板に水を流すような方式では，もしも学びに失敗すると，二度と回復できません。本物の学びというのは，致命的な失敗でなければ，失敗してもよいのです。失敗こそ新たな成功をもたらすチャンスと考えてください。

したがって，失敗したことをやり直すための**時間的余裕**をとっておいたほうがよいでしょう。学びは，ゴールに直線的に進むのではありません。自分の体験に照らし，他人の意見に耳を傾け，自分の学びを振り返りながら，ゴールに立ち戻ったり，違う方向を模索したり，ジグザグに歩んでいくものです。

日程や**人的物的な教育資源**や**予算**などの大枠は押さえておかなければなりませんが，それ以外はあまり詳細なデザインを立てないことです。そして，総合的な学習の途上，とてもねらいにそったものにはなりそうもないと判断すれば，新たなカリキュラムづくりに方向転換すべきです。

2　カリキュラム・デザインの方法

【1】教室や学校を越えた課題を

総合的な学習における教室や学校を越えた課題として，例えば，(a)町の探検隊，(b)ケナフを育てよう，(c)公園の計画に参加しよう，のよ

【本物の課題　authentic task】

座学で学んだことを現実に適用したり関連づけるようにした課題。「真正の課題」とも訳されます。

そこでは，地域のゴミ問題のように，地域の価値やほかの条件が写し出され，関係者の間での学び合いを促しますが，必ずしも一つの正答があるわけではありません。このような課題では，現実に近づけられ，学び手の自由度が大きくなります。

うな課題があります。

これらの課題は，教室内の座学では追究できません。町の歴史や誇れるものを探検・発掘して，パンフレットにして観光客に配る。実際にケナフを育てたり，自然を守る方策を練って実行する。公園の清掃ボランティアを通して日常では気づかなかった何かを学びとる。

その課題は，実社会でも十分通用するような意義深い“**本物の課題**（authentic task）”です。そこでは，学びの応用と状況に応じた適切な判断が求められ，その様子がたえず評価されます。一つ一つではなく複合的な問題として現れ，それに対する処理の結果がフィードバックされて，新たな問題が生まれることもあります。

総合的な学習では，観察したり，体験したりしながら，教師と子ども，子どもと子ども，あるいは，保護者や地域の人々さえ巻き込みながら，試行錯誤を伴った協働的な学びが行われます。

例えば，町の探検隊でも，調査先で意外な事実に出くわして，予想外の展開になることもあるでしょう。ケナフは，書物を読んでも，うまく育てることができません。ちょっとした手入れや工夫の仕方は，やってみて初めてわかるという一面があるからです。

課題は，36～38頁に例示したように，教師が事前に考えておきますが，子どもが「面白そうだな」とか「やってみようかな」と思わなければ，課題としてはいけません。総合的な学習は，少なくとも30時間程度は要する大単元ですから，子どもたちが課題に興味を示さなければ，学びが失速して散々な結果になります。

【2】最終的な結果をイメージする

「大野市の特徴は何か，歴史は生かせないか」

そんなことを話し合いながら，小学校の先生がグループで総合的な学習のカリキュラムづくりをしています。

私から出したのは，「教室を越える，学校を越える課題を設定してください」という“本物の学び”の条件づけのみ。しばらくして「大野市発見！」という町探検に課題が落ち着き，それから目標設定の作業に入りました。ところが，いずれも「理解する」「関心をもつ」「気づく」のような表現ばかり。まだ従来の教科学習の考え方に縛られています。

そこで「最終的にどのような活動をイメージしているのですか」と尋ねると，「大野市を紹介するパンフレットや地域新聞づくりをさせて，発表会も開催する」とのこと。

「では，その活動を目標に示してください。そして，期待した活動から逆算すると，どのような流れになるのかを考えてください」と指示しました。そうすれば節目となる時間的な割り振りもうまくいくはずです。

そして最後に，本物の評価の考え方を頭に描いて，「このような課題を設定するということは，例えば，パンフレットを読んだ観光客からの外部評価も受けるということです」と言っておきました。

このようにカリキュラム・デザインでは，総合的な学習における**最終的な学びの結果をイメージしているかどうか**ということが重要です。ただし実際には，教師による課題の検討と学びの結果に対するイメージとは前後しながら進められます。

数年前，総合的な学習で育てられる能力を“総合的能力”と呼び，解明しようという連載をした雑誌がありましたが，結論としては，それが問題解決能力だとしても，複合的な諸力を統括・制御する能力であって特定できないということに落ち着きました。問題解決の要素的な諸力を鍛えて寄せ集めれば，問題解決能力が育成されるわけではありません。

要するに，総合的な学習にかかわって問題解決や生き方などの文言を詮索して，総合的な学習をとらえる観点を見いだそうとするのは生産的

【ＫＪ法　KJ method】

一つのデータを１枚のカードに記録し，それらを一覧して，何が問題か，どの問題と関係があるかということを明らかにし，問題を解決する技法。文化人類学者の川喜田二郎が書斎科学と実験科学のほかに「野外科学」という分野があることを主張し，野外で見たり聞いた複雑多様な事象を整理し，問題解決するための方法論として生まれました。

ではないのです。むしろ総合的な学習ではどのような学びをしているのかをイメージし，そこから総合的な学習のゴールをとらえるほうがよいのです。

そして，学びの結果のつながりをビジュアルに示してくれるのが，次の方法です。これは，わが国のＫＪ法を基本にしながら[2]，プロジェクト・ゼロの実践からも学んだものです[3]。

＜学びの結果のつながりを明確にする方法＞

(1)子どもに「こんなことをさせたい」というような活動をカードに１項目ずつ書く。その際に，本物の課題であることに留意しながら，次のようなパフォーマンスを表現する動詞を用いる。
　創る，伝える，参加する，育てる，提案する，協力する，
　発表する，体験する，試す，報告する，再現する

(2)すべてのカードを広げて，似たようなカードをグルーピングして，一番上にそのグループの内容を表す見出しをカードに書く。10以内のグループとするが，どこにも属さないグループは，１枚で１つのグループとしてもよい。

(3)グルーピングしたカードのうち一番重要と思われるものを中央に据え，それに関連したグループを図に示すように線で結ぶ。

(4)中央に据えた活動が本当に中心となる活動かどうかを再考する。ほかに軸となりそうな活動があれば，それを中央に据えて，新たなグループとの関連づけを線で示す。

(5)白紙に次頁のようなグルーピングのマップを描き，その下にマップの展開についての説明文を書く。

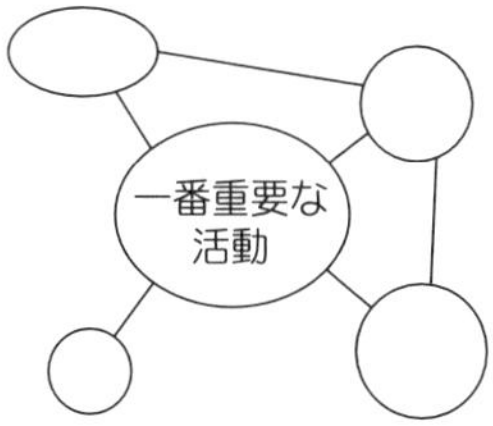

(6)同僚の教師にマップを見てもらって，課題の意義と活動の実現可能性などの長短所についての批評をお願いする。また，よい活動があれば，提案してもらう。

(7)再び，マップを一覧して，修正すべき箇所があれば修正する。

工夫のしどころ③　「ゴールを設定してやる気を保つ」

礒田敬二（森目小学校）

学級で総合的な学習のテーマを「森目っ子ECOパトロール」とした後，子どもたちと話し合って県の事業「地域環境ジュニアパトロール」に参加することにしました。

その事業計画では，9月下旬に報告書提出，1月末活動報告会となっていたため，必然的に最終ゴールが活動報告会となりました。1学期から3学期までの長丁場になりました。

最終ゴールまで子どもたちの活動に対する意欲を持続させるためには，途中にいくつかのヤマを設ける必要があります。そこで，①夏休みの研究活動の学級報告会，②秋祭り集会でのポスターセッション形式の発表を途中に組み，③1月末活動報告会と合わせて3回の発表の場を設けることにしました。

また，①では学級の仲間，②では地域や家族，ほかの学級の友達，先生など，③では学校外の人たちに発表を聞いてもらい，他者から①評価を生かして振り返るようにしました。子どもたちもある程度予定がわかっているため，自分なりに考え，意欲をもって活動することができました。そして，他者からの評価により子どもたちが自分の学びを振り返って，修正したり，新たに調べたりして，学びを深めていくことにもつなげることができました。

発表の場は「失敗は成功のもと」です。子どもたちも失敗を生かして，次の学びにつなげることで「もう一回やってみよう」「やり直してみよう」と意欲をもって活動することができました。

【3】総合的な学習の類型を見きわめる

これらの最終的な結果からイメージした学びのカリキュラムは，いくつかの類型に分けることができます。ここでは，わかりやすくするために，２つの基本的な類型に絞って考えてみましょう。

総合的な学習は，1918年にキルパトリック（Kilpatrick, W.）が「目的ある行為」として特徴づけたプロジェクト法と似ています。キルパトリックは，次の４つのプロジェクト類型を抽出しました[(4)]。①ものづくりや身体的動きとして表れる型，②絵画や音楽の鑑賞など審美的経験を享受する型，③霜が降る仕組みを予測するような問題解決の型，④外国語の不規則動詞の習得を目的とするような型。

たしかに，①～④を包括して広義のプロジェクトとみることもできますが，各種の学習類型にまで踏み込まなければ，総合的な学習のカリキュラムをデザインする参考にはなりません。③の問題解決学習を**プロジェクト学習**（project-based learning）とし，①②④は，基本的には**パフォーマンス学習**と位置づけたほうがわかりやすく，実際の総合的な学習でも活用しやすいと思います。

例えば，「(a)町の探検隊」は，特定の目的を設定し，計画・実行をする“プロジェクト学習”です。そこでの問題は追究の過程で浮かび上がり，調べたり，話し合ったりしながら解決策を探るという展開になります。「(b)ケナフを育てよう」は，ものづくりや演奏・演劇などと同様，どのように育てるのかということが明確な“パフォーマンス学習”です。

とはいえ，次頁の学習過程の対照表からわかるように，実は，ほとんどの総合的な学習は，プロジェクト学習とパフォーマンス学習の組合せから成り立っています。「(c)公園の計画に参加しよう」は，他者に奉仕するだけでなく自らも何かを学ぼうとする奉仕学習（service learning）ですが，奉仕の仕方の点ではパフォーマンス学習であり，新たな公園づくりという点ではプロジェクト学習なのです。町探検でも，基本はプロ

表1　プロジェクト学習とパフォーマンス学習の比較

プロジェクト学習	パフォーマンス学習
①学校内外で調べる ・読む，調査する，インタビューする，聞く，訪問する，インターネットで調べる ②文字や図などでまとめる ・問題を割り当てる，一般化する，傾向をつかむ，関連づける ③応用したり，試してみる ・模型をつくる，修正や補強をする，自己や他者の評価をする，最終発表会や報告書を提出する	①手がかりを絞る ②最終的な結果のビジョンを示す ③評価の観点・規準を共有する ④学びの文脈のなかでコーチングをする ・説明 ・演示 ・フィードバック ・パフォーマンス ・振り返り ⑤発表する ⑥振り返る

ジェクト学習ですが，発表会での発表のあり方のような点でパフォーマンス学習も入っています。要するに，子どもが特定の事柄を追究したり，活動するプロジェクト学習を行い，事中や事後に学習結果をまとめて発表するという面があるので，パフォーマンス学習を内蔵しているといってよいのです。

また，キルパトリックの下で学んだ土屋潤身氏は，次のようなプロジェクト選択の基準を設けました[5]。

(1)プロジェクトは，明確な教育的価値を持たなければならない。

(2)プロジェクトは，環境の必要に適応されねばならない。

(3)材料の入手問題が考慮されねばならぬ。

(4)プロジェクト遂行のために費やされる時間が，それによって生ずる教育的価値と一致するものでなければならぬ。

(5)プロジェクト実施が，学校組織にいかなる影響を与えるかを考えなくてはならぬ。

(6)経費の問題

(7)プロジェクトによって望ましき教育的価値が獲得できるであろうか。

(8)プロジェクトは，その教科において，與えられた日限以内において，完成され得るものでなくてはならぬ。

(9)児童生徒は，プロジェクトの選択に協力せねばならぬ。

(10)生徒の個人差

(3)の材料入手，(4)や(8)の時間，(6)の経費などは，総合的な学習の成否にさえかかわる案外大切な問題です。「(a)町の探検隊」をやっていくけれども，学びの途中で年度末となり，担任が代わってしまったとか，子どもが卒業してしまうようでは，尻切れトンボになります。「(b)ケナフを育てよう」としても，それを植える時期，育つ時期を考慮せざるをえません。「(c)公園の計画に参加しよう」でも，同じことがいえます。

土屋氏は，さらに「計画遂行に対する生徒の責任が特徴である」とも指摘します(6)。総合的な学習のデザインは，これらの要素を考慮しながら行わなければなりません。

【4】何をいかに評価するのかを考える

今日，“基礎学力の低下”の声が強まるなかで，子どもの学びの質が問われています。この活動をしてこの成果が生まれたという評価をしてこそ，子どもや保護者を納得させることができます。期待した成果を得ることができなかったとしても，そこでの評価情報を**カリキュラム・デザイン**で修正すれば，失敗を次の成功に生かすことにもつながります。

総合的な学習の成否は評価のあり方にかかっているといっても過言ではありません。とすれば，カリキュラムのデザインの初めから，何をどのように評価するのかということも考えておくべきです。

ところで，総合的な学習の特徴は，18頁において総合的な学習のモデル図で説明したように，認知面の❶知る（調べる）と❷知っている（まとめる），パフォーマンス面の❸やってみる（体験）と❹なってみる（発表や共感など）からなり，両方の懸け橋が❺複眼で見るであり，全

【評価の観点　standard】

元来，教育目標から導き出した能力のこと。総合的な学習の学びの観点としては，知る，知っている，やってみる，なってみる，複眼で見る，振り返る，という6点に集約できます。また，内容の観点については，環境，国際，福祉，情報などの各領域によって別途定める必要があります。

体を覆う空気のようなものが❻振り返りでした。

私たちは，とりわけ❶から❹までを学び方の**評価の観点**とし，また，総合的な学習では息長く挑戦しつづける「やりぬく」という態度的な観点も組み込んでいます。そして，それぞれの観点の下位にある細かなものを**規準**（criteria）としています。ただし，内容面での評価の観点と規準は，福祉や環境などの領域によって違いますので，その都度，子どもと一緒につくる必要があります。したがって，これらの多様な学び方や内容の評価の観点に対応した評価方法を用いなければなりません。その際に，次の表を参考にして，評価の対象に適合した方法を選んでください。

表２に示すように，子どもに何かをやらせるような「パフォーマンス

表２　評価対象と評価方式の適合性

評価方式／評価対象	選択式	小論文	短答式	口頭の報告	パフォーマンス課題	教師による観察	子どもの自己評価
知　識	○	◎	◎	◎	◎	○	◎
技　能	△	○	△	○	◎	◎	◎
思考・判断	○	◎	○	◎	◎	△	◎
コミュニケーション	△	◎	△	◎	◎	△	◎
努力や態度	△	△	△	△	○	◎	◎

〈注〉◎は最適，○は評価可能，△は不適を示す。

課題」を与え，「口頭の報告」をさせ，それらを「自己評価」させるという方法を組み込むことが必要です。「教師による観察」は，技能や努力はわかりやすいのですが，思考・判断やコミュニケーションの評価方法としては不向きです。「選択式」や「短答式」は，ペーパーテストで使う方法ですから，総合的な学習ではあまり使うことはないでしょう。「小論文」は，技能は評価可能どまりで，努力や態度を評価するには不適当です[7]。

次にこれらの評価の対象と方法の適合性を踏まえながら，下の**図1**のようなプリントを用意して，総合的な学習で「こんな活動を取り入れて，このように評価する」ということを書いておくことをお勧めします。各欄にある問いや指示に従って評価の対象と方法を記入してください。これまでにも単元計画とともに評価計画を立てることが行われてきましたが，私たちの方法は，1）調べる，まとめる，発表，体験・ものづくり，と総合的な学びの観点に分け，2）自己や他者の評価も組み込み，3）

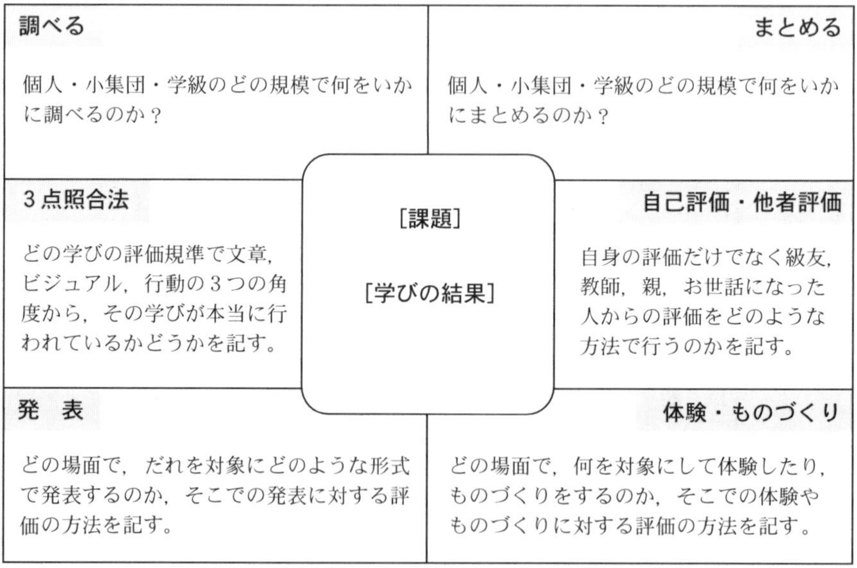
調べる
個人・小集団・学級のどの規模で何をいかに調べるのか？
まとめる
個人・小集団・学級のどの規模で何をいかにまとめるのか？
3点照合法
どの学びの評価規準で文章，ビジュアル，行動の3つの角度から，その学びが本当に行われているかどうかを記す。
［課題］
［学びの結果］
自己評価・他者評価
自身の評価だけでなく級友，教師，親，お世話になった人からの評価をどのような方法で行うのかを記す。
発　表
どの場面で，だれを対象にどのような形式で発表するのか，そこでの発表に対する評価の方法を記す。
体験・ものづくり
どの場面で，何を対象にして体験したり，ものづくりをするのか，そこでの体験やものづくりに対する評価の方法を記す。

図1　評価の対象と方法を計画しておく

妥当で信頼できる証拠を得るために**3点照合法**を用いているなどの点で従来の評価計画とは大きく違っています。

評価の立場からいえば，本を読んで「これをすればこうなる」と文字では書いたけれども，実際にはできないし，確かめようともしない子どもも，図やモデルで説明することもできない子どもがいます。そのような子どもは，ほんとうにわかっているかどうか疑わしいものです。

「3点照合法」では，ある事柄に対して文書，映像，行動を使った学びをさせて，そこで結果として得た証拠を突き合わせながら，「ほんとうにわかったのかどうか」を評価します。そこから，子どもの多様な学びのスタイルを見いだすこともできるでしょう。

ただしこの方法は，時間もかかって面倒です。したがって，例えば，究極のカレーを「つくる」というパフォーマンスのように，総合的な学習でもっとも重要で確かめたいと思う事柄に絞って実施してください。

「調べたり」「まとめる」際には，何を調べるのか，何をまとめるのかということ，「発表」では，11頁でも紹介したように，だれに対して発表するのかということが重要なポイントになります。

子どもの「**自己評価**」や「他者評価」は，教師が評価シートを与える場合もあれば，与えないで自由記述とする場合もあります。普段の学びの途上の評価としては，教師側の評価の観点や規準を細かく示した評価シートは避けたほうがよいでしょう。教師の誘導を避けるためです。

【3点照合法　triangulation】

評価の信頼性を高めるために，異なる日時で異なる角度から特定の学び手の学びを評価する方法。例えば，その学びがほんとうに行われているかどうかを文書・口頭・ビジュアルに分けて評価する方法があります。

【自己評価　self-assessment】

自分の学びを確認・点検し，何を改善・調整すべきかを見きわめること。自己評価は，人によって，厳しかったり，甘すぎたりしやすいのですが，評価の観点・規準を設定し，意識化し，優れた他者評価を受ければ，うまく自己評価することができます。

【5】カリキュラム編成の勘どころ

総合的な学習では，「大野市発見！」

とか「ケナフを育てよう」という課題に代表されるように，課題の中に最終的な学習結果がすでに内蔵されています。生活科でも，「学校を探検しよう」とか「水族館をつくろう」などのように，具体的な活動が見える単元設定が行われてきました。生活科では「単元」，総合的な学習では「課題」と，表現は違っても，どちらも学習結果を込めているという点では共通しています。当然，その際には，教師のねらいだけでなく子どもの興味関心や願いとも絡めて設定されます。

結局，次の点に留意することが，総合的な学習のカリキュラムをデザインする勘どころとなるように思います。

＜カリキュラム・デザインの勘どころ＞

①教師は，総合的な学習で取り組ませたい課題を最終的な学びの結果をイメージしながら構想する。

②子どもによる問題づくりは，ゆっくりと時間をかけて耕すように行う。共通体験や共通の関心事があれば，問題づくりは比較的容易です。

③総合的な学習で取り組みたい問題が明確になった段階で，発表会や報告書づくり，相談会などの日程と評価の方法を子どもにも知らせる。

④総合的な学習の型に留意して，学びの質を高めるための評価の規準や方法を考える。ただし，町探検のようなプロジェクト学習では，問題発見から始めなければならないので，評価規準づくりまでにはかなりの時間を要します。

⑤総合的な学習の間に，費用や時期等も考慮しながら，必ず一度は子どもが体験する機会を用意する。その体験の前後も含めて時間的余裕を十分とる。体験を入れると，30時間以上は必要となるはずです。

⑥発表会や報告書づくりは，中間および最終の形で２回は行う計画を立てる。また，一定の学びの後に教師と子ども，あるいは，子ども同士の検討会を設ける。

これは，初めに学習結果を想起して，子どもの実態や学習環境や人的物的な教育資源を考慮しながら，学びの道筋を形成していくカリキュラムの逆行デザイン（backward design）と似ています(8)。

これが，マクロレベルにおける評価と学びを連動させるシステムをつくるための勘どころです。「最終的な学びのイメージを描くことは従来の教科学習でもやっている」という人もいるかもしれません。しかし，１時間の授業ではそのようなことはあっても，30時間を越える大単元では，やはり目標分析から出発しているのではないでしょうか。パフォーマンス動詞（52頁参照）によって評価を構想し，学びとの連動を考えていますか。その際に，学びの最終イメージと評価規準を子どもと共有してきましたか。総合的な学習におけるデザインの特徴は，このような点にあります。

他方，ミクロレベルでは，**子どもにポートフォリオを持たせて，学びの過程で学んだものをファイルして，それが一定程度集まった時点から振り返りも盛り込みつつ，評価と学びを連動させます。**そこでの評価情報は，カリキュラム・デザインを修正するためのきっかけにもなります。

3　「究極のカレーづくり」の実践

印象に残った出来事

１番：学年キャンプでカレーをつくった	15票
２番：Ａ女さんが転校してきた	12票

印象に残っている授業

１番：外国語指導助手（ALT）の授業	15票
２番：環境リサーチ	10票
カレーコンテスト	10票

これは，松村教諭が担任する５年ろ組の昨年度２学期末における子どもの声です。子どもは，従来の教科学習のような座学中心の学びより，自らの体験を通した総合的な学習の時間における学びのほうが強く印象づけられるということでしょう。しかも，子どもにとって，意義深い学びとなったように思います。

【1】デザインの検討

総合的な学習のカリキュラム・デザインは，次のような手順で行われます。それを実践例に即してお話ししましょう。

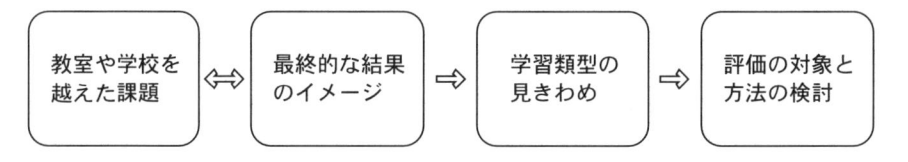

教室や学校を越えた課題 ⇔ 最終的な結果のイメージ ⇒ 学習類型の見きわめ ⇒ 評価の対象と方法の検討

松村教諭が最初に総合的な学習に取り組んだのは，「究極のカレーをつくろう」という実践（1999年４月～７月の１学期間）です。この実践については，私もかなりの日数を通いつめ，授業を観察しました。松村教諭が2000年１月末に福井大学大学院教育学研究科に提出した修士論文『ポートフォリオを用いた総合的な学習の実践的研究』も参考にしながら，実践の全体像を紹介します。出典を示さず，括弧のみを記しているものは，修士論文（主に巻末資料「全授業記録」）からの引用です。

第２章で述べたように，ゴールデンウィークの中休みのときに，おいしいカレーじゃなくて「究極のカレーを作りたい」と言う子どもがいて，「やれそうだ」と自信をもちました。先生の出した「おいしいカレーづくり」という課題から，子ども自身で最終的な学びの結果を「究極のカレーづくり」とイメージできたからです。

ここでカリキュラム・デザインの方法のうち，“本物の課題”である「【１】教室や学校を越えた課題」（49頁）とデザインのポイントとなる「【２】最終的な結果をイメージする」ことが考慮されています。

実は松村教諭は，４月下旬に**表３**のような総合的な学習のカリキュラム・デザインを描いていました。それは，６の「一人調べ」が終わろうかというころです。

表３　ふるさと学習のデザイン（1999年４月下旬作成）

ねらい

○課題から自分の問題を見つける。
○追究の過程で食生活を考える。
○グループでの協力をはかる。
○まとめ方，パフォーマンス。
○自分のめあてを決め，そのめあてに対して自己評価を行い自分なりの学習計画を立てる。

「おいしいカレーをつくろう」の学習の流れ

1．好きな食事のメニューを一つ選ぶ。
2．クラスの皆が好んでいるメニューを選ぶ。
3．そのメニュー（カレー）にはどんな食材が必要かを考える。
4．食材を米，肉，野菜，果物に分類し，これからこの４つの食材について学習していくことを確認する。
5．「最高においしいお米を作るためにはどうしたらよいか」を考える。
6．一人調べ（２時間）
7．米調べのまとめ(Ｂ４）── 保護者にも一言書いてもらう。
8．グループ編成を行いグループごとに学習をまとめる。
9．ふるさと学習の自分のめあてを決める。
10．カレーの試食会
11．「おいしいカレーを作るために，どんな野菜が必要か」（３つ）
12．どんな野菜を選ぶか。選ぶ観点は何か。栄養，バランス，品質のよさ
13．カレーコンテストの説明 ── **評価規準の設定**（おいしさ，栄養のバランス，発表の内容，協力）── 家庭科との関連
14．グループ調べ（３時間）
15．**まとめ（カレーコンテスト）**

勤務校の松岡小学校では「子どもたちに,『生きる力』を育てていくのに『ふるさと松岡町』をしっかり理解させ,郷土に対しての深い愛と誇りをもたせたい」という願いから,学校全体で「ふるさと学習」と称する総合的な学習を始めたばかりでした。

教師の“ねらい”で注目されるのは,“パフォーマンス”です。総合的な学習の流れも,15に「カレーコンテスト」のパフォーマンスを据えていますが,**そこから逆算して各種の調べ学習やまとめの時間を設定**しています。いずれの時間もパフォーマンスを発揮する機会になります。

もちろん,総合的な学習に慣れてくれば,もう少し早い時期にデザインできます。総合的な学習の先進校のように,教師も子どももほかの子どもがつくった作品を見たり,発表を聞いたりしていると,そこから自分たちの総合的な学習における最終的な学びの結果をイメージしやすいからです。しかし松岡小学校には,そのような遺産がありませんでした。

もう一つ,ここには**中間発表会**が組み込まれていませんが,その原因は私自身にもあります。私は大学の「公民科教育法」の授業で10年ほど前から総合学習的な実践を続けてきましたので,今回の総合的な学習に対するイメージは多少なりとももっているつもりでした。しかし,松村実践を終えた直後に,プロジェクト・ゼロが実施している総合学習でも中間発表会を設けていることを知って(9),わが国の総合的な学習でも中間発表会をデザインに位置づけることの重要性をあらためて感じたのでした。松村実践の当時,中間発表会の意義を十分に理解していませんでした。

松村教諭は,カリキュラム・デザインの「【3】総合的な学習の類型を見きわ

【中間発表会 Making First Version of Plan or Product】

学びの途上で発表させて,そこで得た評価情報を次の学びに生かす場。総合的な学習では,何かを提案したり,まとめたり,ものをつくったりしますが,その発表の場で不備に気づいたり,改善点を発見したり,他者の学びを見習う必要性を感じることもあるでしょう。そのような学びの質を確かめ,最終的発表会へ向けての学びを方向づけるための機会として中間発表会が設けられています。

める」（54頁）にあるように，「カレーづくり」はパフォーマンス学習だから，同種のカレーを「つくる」ことを目的とした中間発表会ではなく，子どもたちによるカレーづくりに先立って，専門家がつくったカレーを食べる「試食会」でよいと判断していたようです。

私たちは，前年度3学期に大野市立森目小学校においてポートフォリオを使った総合的な学習の実践を始めていました(10)。

同校の「命って大切」と題する礒田敬二教諭の生活科の実践は，ハムスターの誕生から始まり，その赤ちゃんを育てるなかで，自分たちの成育過程と重ね合わせて，命について考えさせます。ハムスターを育てることはパフォーマンス学習で，苦労は多いけれども，育てる手順は，ペット屋さんに尋ねたり，本を読めばわかります。

他方，須甲英樹教諭による中学年対象の「雪は良いものか，困りものか」という実践は，どちらかの立場を選び，その根拠を探って皆を説得しようとするプロジェクト学習でした。こちらは同種の発表会を2度繰り返しました。

中間発表会は，学びのチェックポイントです。それは，子どもたちの学びの成果を発表する場であって，口頭発表でも，班新聞や報告書の提出でもかまいません。そして，礒田実践のように，子どもの学びが順調であれば，中間発表会をすませて，次の学びに進んでいけばよいのです。須甲実践のように，**子どもの学びで不十分な点が多く見られれば，同種の発表会を繰り返す必要があります。**

最後に，デザインの「【4】何をいかに評価するのかを考える」（56頁）という点です。松村教諭も「ねらい」において，「自分のめあてを決め，そのめあてに対して自己評価を行い自分なりの学習計画を立てる」と記しています。「学習の流れ」の13には評価規準の設定の時間を考えています。

ただし，ここからは評価の全体的なバランスを保ち，観点をもれなく含んでいるかどうかはわかりません。それで，子どもと課題が共有され

調べる

・おいしいお米について種類や作る条件などを調べる。
・おいしいカレーを作るためにどんな野菜がよいのかを調べる。
・インドカレーを調べ，自分たちのカレーづくりに取り入れる。
・栄養バランスを調べる。
・家庭で調べてきたことをファイルする。

まとめる

・個人で調べたことをグループでまとめる。（お米調べ）
・カレーの各観点（おいしさ，栄養バランス，協力）についてグループで模造紙にまとめる。

3点照合法

・文章；食材や栄養バランスについて文章でまとめた内容を見る。
・ビジュアル；イラストなどの図解や絵などを使った表現による伝え方を見る。
・行動；班で協力しながら，自分たちなりに作った究極のカレーの出来具合を判断する。

［課題］
おいしいカレーをつくろう

［学習の結果］
カレーづくりを通して学び方や食生活のとらえ方を深める

自己評価・他者評価

・お米調べの発表を家の人にも見てもらう。
・カレーの工夫を模造紙にまとめ，そのまとめた内容を人に見てもらう。
・自分で作ったカレーを自己評価する。
・自分だけでなく，親，タマネギ生産者，サニーサイドの調理師さん，家庭科の先生にカレーについて評価してもらう。

発　表

・お米調べ；グループごとにおいしいお米づくりの条件を発表する。
・カレーの説明会；おいしさや栄養バランスについてグループごとに，どれだけ工夫したかを説明する。
・カレーコンテスト；味見してもらって，どのグループのカレーがおいしかったのかを家の人に書いてもらう。

体験・ものづくり

・インドカレーの試食会；カレーを作る前に，本場のカレーを試食して，味の工夫をする。
・米や野菜を自分たちで選び，味，栄養バランスを工夫して自分なりのカレーを作る。
・各グループのカレーを味見して，自己評価と相互評価を行う。
・農協のバケツ稲に応募し，自分たちでおいしいお米を作ってみる。

図2　評価の対象と方法を計画しておく実際例

たところに，**図2のような評価計画を書いておいたほうがよい**と思います。この図は，今年度になってから，当時を思い起こして松村教諭に「究極のカレーづくり」の評価計画を書いてもらったものです。当時でも，3点照合法などは実践において強く求めていましたが，このような評価計画を文書化してはいませんでした。

【2】構想と現実のずれ

この総合的な学習は当初は26時間の予定でしたが，実際には36時間となり，**図3**（68～69頁）の網かけ部分に示したようないくつかのデザイン上の修正を行いました。その理由は，次のとおりです。5)と6)以外は，**子ども用ポートフォリオの点検によるデザインの修正**です。

1）第一次②は，お米調べでは，子どもの学習物を見ると「農業や有機栽培まで発展するほど深く調べている児童はいなかった」ために，③のような4つの視点で調べさせました。

2）第二次①に示すように，テーマを「おいしいカレーをつくろう」から「究極のカレーをつくろう」に変えたことです。それによって，第三次でめざすべき幅が広がりました。

3）米調べ発表会の後に実施したアンケートで子どもの学びのめあてにバラツキが出てきたので，第二次②で学びの評価規準をつくる時間を設けました。

4）究極のカレーづくりに使う野菜調べの後，虫食いのある野菜がよいかどうかの子どもの判断が曖昧であったので，第二次⑨に教師側で資料を用意して「『食』が危ない」という授業を3時間行い，農薬に対する認識を徹底させました。

5）第二次後半でカレーの食材として「肉」を調べさせたかったのですが，時間不足で取り上げませんでした。しかし，「『食』が危ない」の授業により，カレー試作会の「肉を購入するときは，児童は国産なのか輸入物なのか，和牛なのか関心をもって選んでいた」ようです。

図３　「究極のカレーづくり」単元の流れ

時		学　習　活　動	教師の支援（☆はポートフォリオ評価，そのうちデザイン修正にかかわるものは★）
第一次 4/14〜5/15（1時〜8時）		おいしいお米について調べよう	
	1	①おいしいカレーをつくろう	○「食事のメニューで一番好きなものは何か」と問う
	2 3	②おいしいお米を作るにはどうしたらよいか調べよう（１人調べ：２時間）	○１人１バケツの稲栽培に応募 ○職員室のインターネットで関係資料をコピーして渡す
	4〜6	③お米調べのまとめ（２時間） おいしさの一番の条件は何か A.種籾選び　B.水の管理　C.土作り　D.農薬	☆Ｂ４判１枚に収まるように
	7	④自分のめあてを考えよう（ポートフォリオづくり）	★「生活＆学習アンケート」実施(5/1) ☆ポートフォリオを持ち帰らせて保護者に感想を聞く
	8	⑤米調べ発表会 振り返りと学びのめあて	○「調べるとは質問に答えること」を気づかせる。自学で調べる子どもが出てくる ★「ふるさと学習アンケート」で子どものバラツキが目立つ⇒第二次②で修正する
第二次 5/17〜6/18		究極のカレーについて調べよう	
	9	①究極のカレーをつくろう （「究極」＝おいしい＋香り＋盛り付け＋見た目＋食材の安全性＋栄養のバランス）	○学期末の学年キャンプでカレーコンテストを提案する
	10	②学びの評価規準を考えよう （ヒットポイント，発見，調べ方，発表，まとめ方，協力，挑戦）	☆１人１つのめあてを発表し，黒板で分類した結果，７つを「学び方アイテム」とした
	11	③野菜について調べよう	○松岡町のタマネギ生産に目を向ける
	12	④タマネギの生産者に学ぼう	☆農家の大西さんに電話させる

			○事前に子どもが尋ねたいことを連絡しておく
（9時〜25時）	13〜14	⑤究極のカレーに使う野菜を選ぼう。その観点は何か 新鮮さ／栄養のバランス／品質の安全性／農薬の有無	☆学級で選んだ共通の野菜（ジャガイモ，タマネギ，ニンジン）以外に１つを各班で選択 ○栄養士さんから栄養とビタミンの資料を借りる
	15〜17	⑥調べ活動のまとめと振り返り	☆Ｂ４判１枚にまとめて評価規準で振り返る（自己→班→学級順にベスト１を選び，学び合う）
	18〜21	⑦調べ方・学び方を学ぶ	★自己ベスト１と学級ベスト１を比べて自らを評価し学ぶ
	22	カレーづくりのビデオ視聴	
	23〜	⑧インドカレー試食会（学年合同）	○コックさんに電話で依頼，給食の調理士さんも参加
	25	⑨「食」が危ない （食生活の振り返り，農薬の怖さ）	○教師側から農薬の危険性に関する写真を提示
第三次		**究極のカレーづくり（試作と本番）**	
	26	①コンテストの評価規準づくり （おいしさ＋食材の安全性＋栄養のバランス＋アイデア）	☆「究極のカレーとは何」と問いかけて，板書で整理する
6/24〜7/19	27 28	②試作会の計画	○カレーづくりの班編成
（26時〜36時）	29〜	③試作会	☆家庭科教師とTTで
	31	④振り返り	☆評価規準にそって２枚以内で
	32	⑤班新聞での発表会	☆保護者参観，栄養士さんの講評
	33 34	⑥本番のカレーづくりの計画 （招待状づくりを含む）	☆試作会での他者評価を考慮して
	35	⑦究極のカレー発表会	☆どの班も優れた面があることに注目する
	36	⑧振り返り	

6）私の助言もあって，究極のカレーの評価規準を子どもとつくって試作会を開催したことです。松村教諭は「結果的に試食会と試作会の2つを行ったために，試食会での児童の興味はますます高まり，試作会での失敗を生かしてたくさんのことを学ぶことができた」と言います。

【3】子どもの学びは山あり，谷あり

（1）よちよち歩きの「お米調べ発表会」

まず，教師が黒板に発表の仕方の手順（①あいさつ，②発表，③質問，④終わり）を示した後，子どもたちは，A. 種籾《もみ》選び　B. 水の管理　C. 土作り　D. 農薬の担当グループごとに前に出て，模造紙を使って発表します。一つ発表が終わるたびに，子ども同士の質疑応答があり，「有機質」などむずかしい用語があれば，教師が補足説明をします。発表者は，早口になったり，小さな声だったり，模造紙の文章を棒読みだったり，ほとんど聞き手を意識しない場面が多く見られたので，教師が発表者に質問するようなこともありました。

F男の班は，「土作り」を調べたのですが，皆に背を向けて模造紙を読むだけ。「中干しって何」という質問があっても，母親はポートフォリオに付箋で「中ほしという言葉は初めて知りました」と書いているのに，「中干しは中干しです」と答える始末。なかなか学びが共有されません。

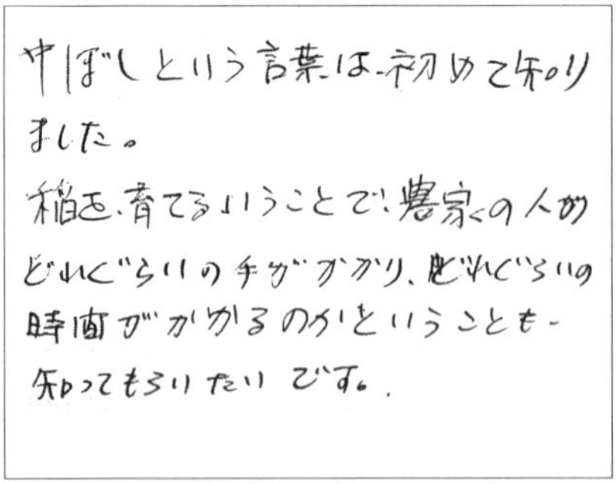
中ぼしという言葉は初めて知りました。
稲を育てるということで農家の人がどれぐらいの手がかかり、どれぐらいの時間がかかるのかということも知ってもらいたいです。

F男の母親からのコメント(付箋)（5/1）

発表が終わった後，教師は，ポートフォリオに収めてある「生活＆学習アンケート」も参考にしながら，おいしいカレーをつくるために「どんなめあてで学習するのかを『ふるさと学習アンケート』に書いてください」と言って，できたものから持ってくるように指示します。F男は，「はっぴょうかいは，きんちょう

したけれどこたえられなかったしつもんは，なかったのでよかったと思う」と自己評価を甘く書き，「こんどは，おいしいスパイスとはなにかということ」を自分のめあてとしました。

（2）ポートフォリオを点検して学びをデザインし直す

第二次では，究極のカレー調べを通して，学びの評価の観点と規準をつくることになりました。そのきっかけとなったのが，子どもたちのポートフォリオを点検したことです。

実は，第一次の７時（5/8）に，子どもに自分の学ぶめあてを書かせたのですが，「ピントはずれの子が何人かいたので，どうしたらよいか迷いました。こちらが思っているほうへ強引に引っぱることはできないし，本人にはそこまでの意識はないしと，言葉かけにとまどいました」という状況でした。それで，松村教諭に**典型的な（よい例とか悪い例とか特徴的な学びの）ポートフォリオで説明**してもらいました。すると，例えば，「お米調べ発表会」直後，「ふるさと学習アンケート」にＩ男が書いためあては，「ぼくは，おいしい米をつくって，やさいもおいしいものをつくりたいです。ぼくは，おいしい米をみつけ，おいしいやさいをみつけたいとおもいます」とまったく見当はずれです。

そろそろ子どもの学びにバラツキが出てくるころです。そこに教科の学力差が反映していることも否めません。とにかく，学びの現状を踏まえつつ，新たな展開を考えなければなりません。したがって，第二次では，班単位で学びのめあてをもたせて，それを学びの評価の観点と規準としようということになりました。子ども同士の学び合いに活路を見いだそうとしたわけです。

（3）「究極のカレー」の追究から評価規準をつくる

９時(５/17)に「究極のカレーの『究極』とは何か」と尋ねると，香り・盛り付け・見た目・味などが出てきました。それで，テーマを「究極のカレーづくり」に変更して，最終的には学年キャンプで作って，コンテストをしようと持ちかけたところ，全員が大賛成。まず「わが家のカレーづくり」から調べることになりました。

そして，10時（5/19）は，「ふるさと学習アンケート」の**めあてを全員に発表**させて，**学び方の評価の観点と規準をつくる**時間です。一人一人の子どもにめあてを発表させると，ヒットポイント（学びを持続させる意欲や関心など）を付け加えた以外は，総合的な学習における学びの観点（❶調べる，❷まとめる，❸やってみる，❹なってみる）に分かれました。(詳しくは124～136頁を参照して下さい)。松村教諭は，それらの観点を「学び方アイテム」と名づけて，評価規準を添えて色画用紙に書き，黒板上に掲示しました。

11時（5/20）は，松岡町ふるさと学習会を開くための検討を行い，12時（5/24）の５年い組と合同の「ふるさと学習会」では，元校長先生の大西輝さんに来てもらって農業のお話をしていただきました。

13時（5/25）は，「究極のカレーに使う野菜を選ぼう」ということを考えさせ，新鮮さ，栄養バランス，品質の安全性，農薬の有無の４点を野菜選びのポイントとしました。それから，給食の藤田幸子栄養士さんから資料をお借りして，14時（5/26）の「野菜を決めよう」という授業につなげました。

15時～17時は同じ日（5/27）で，最初の２時間は「野菜調べのまとめ」，最後の１時間は「振り返り」の時間です。松村教諭は，次頁に示すような，各班のベスト１の学習物のプリントを学級の人数分だけ印刷して，18時（5/28）の「学び方『調べ方・学び方』を学ぶ」の授業に臨みました。たしかに，８時の「お米調べ発表会」より発表の内容も方法も上達しています。以来，各班は，学び方アイテムを念頭に置き，ほかの班の優れた点を真似して，アイテムを一つでも多く習得しようとします。

19時（6/2）からは，カレーづくりに焦点化して，ＮＨＫ教育テレビ番組「ナマステ！カレー」「もっと知りたいカレーの秘密」のビデオを見せ，20時（6/9）には，子どもがその感想をまとめて，21時，22

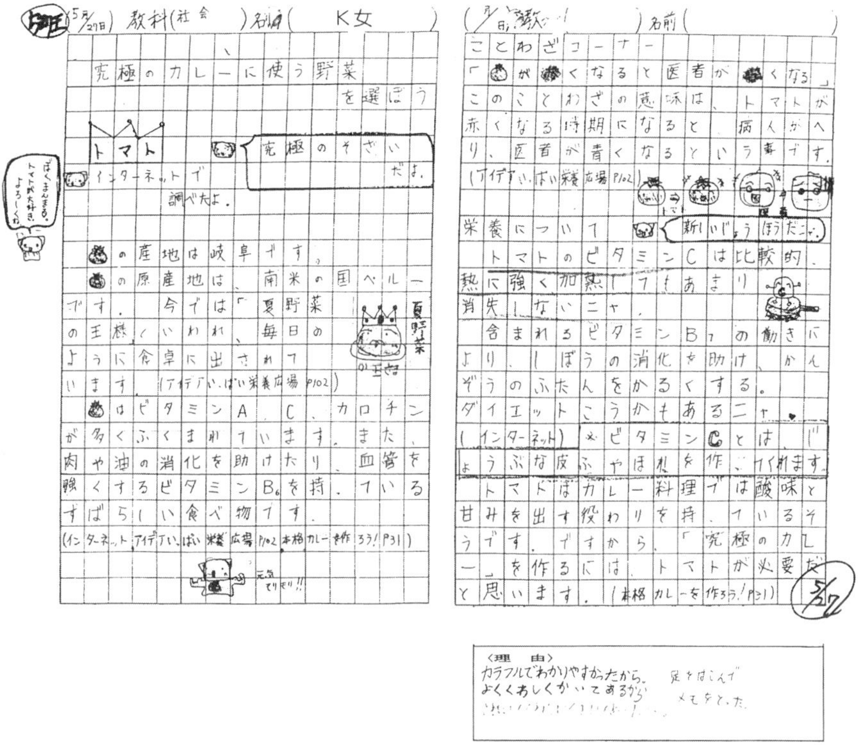
(班)(5月27日) 教科(社会) 名前(K女)

究極のカレーに使う野菜を選ぼう

トマト

究極のやさいだよ。

インターネットで調べたよ。

ぼくまんまる。トマトが大好き。よろしくね。

トマトの産地は岐阜です。

トマトの原産地は、南米の国ペルーです。今では「夏野菜の王様」といわれ、毎日のように食卓に出されています。(アイデアいっぱい栄養広場 P102)

トマトはビタミンA、C、カロチンが多くふくまれています。また、肉や油の消化を助けたり、血管を強くするビタミンB6を持っているすばらしい食べ物です。(インターネット、アイデアいっぱい栄養広場 P102、本格カレーを作ろう! P31)

夏野菜の王様

元気もりもり!!

ことわざコーナー

「トマトが赤くなると医者が青くなる」

このことわざの意味は、トマトが赤くなる時期になると病人がへり、医者が青くなるという事です。(アイデアいっぱい栄養広場 P102)

栄養について　新しいじょうほうだニャ。

トマトのビタミンCは比較的熱に強く加熱してもあまり消失しないニャ。

含まれるビタミンB1の働きにより、しぼうの消化を助け、かんぞうのふたんをかるくする。ダイエットこうかもあるニャ。

(インターネット) ※ビタミンCとは、じょうぶな皮ふやほねを作ってくれます。

トマトはカレー料理では酸味と甘みを出す役わりを持っているそうです。ですから、「究極のカレー」を作るにはトマトが必要だと思います。(本格カレーを作ろう! P31)

5/27

〈理由〉
カラフルでわかりやすかったから。
よくくわしくかいてあるから
足をはこんでメモをとった。

図4　F男の班のベスト学習物

時（6/17）のインドカレーの試食会では，給食の調理士さん2名も同席して，子どもたちとの間で，給食のカレーとインドカレーとの違いについての質疑応答をしました。

しかし，子どものポートフォリオを見ると，農薬に対するとらえ方が甘いのです。それで，23時～25時（6/18）は，「『食』が危ない」と題して，農薬の影響でアトピーになった赤ちゃんの顔写真などの写真を示して，その原因を考えさせ，国産と外国産のイチゴの写真を見せて残留農薬に気づかせ，「究極のカレーの食材で安全な物を選ぶにはどうすべきか」と問いかけて，子どもから国産品，有機栽培のもの，生産地のよいものという答えを引き出しました。

（4）中間発表会の失敗を生かす

「究極のカレー」に関する学び方の評価の観点を決めましたが，今度は「究極のカレーとは何か」という内容を評価するための観点を設けなければなりません（班ポートフォリオの使い方を含めて，詳しくは136～140頁を参照して下さい）。

26時（6/24）において，次のような評価の観点と括弧内に示す規準が決まりました。①出来栄え（見た目，香り，味），②食材選び（無農薬，有機栽培，産地のよいもの，体によいもの，安全なもの，よい水），③栄養バランス（五大栄養素，ビタミン，スパイス），④アイデア（隠し味，世界に一つしかないもの，だれにも真似できないもの）。

そして，28時（6/26）には，評価規準に照らしてグループでつくるカレーの計画を立てさせました。ここからは班活動が中心になるので，班ポートフォリオを使っていきます。

さて，中間発表会と位置づけられたカレーの試作会は，29時～31時（7/7）を使って家庭科室で行われました。これは，２つの点で有意義であったと思います。

一つには，たとえ失敗しても，設定した評価の観点と規準に照らすことによってその**失敗経験を生かして次の成功のきっかけをつかむ**ことができるということです。例えば，Ｆ男の班は，ほかの班とは違って，カレー粉からルーをつくる本格的なものをつくろうとしたのですが，でき上がったカレーは，とても食べられません。班のメンバー５名は，給食代わりに食べるはずだった自分たちのカレーを目前にして，ただ嘆くばかりです。

この班のＮ女は，32時（7/7）の振り返りの時間に，次のように自己評価しています。（下線は評価の観点，『　』はスーパーや店の名前）

「４つの評価規準は，栄養バランスはレタスとかむのうやくにした。食材選びは『ラッキー』と『かめや』と『いなば』でかった。

アイデアはほとんど国産でそろえたが，そろえられなかったものもある。出来栄えはあまりよくなかった。これからほんばんにむけてもっとガンバってれんしゅうしたいとおもう。カレーパウダーでなく，カレールーにするといいかもしれなかった。もっとおうちのひとにきけばよかった」

そして，この班の子どもたちは，反省に基づいて，本番のカレーコンテストでは飛躍的にアップした“究極のカレー”をつくるようになります。

中間発表会のもう一つの効用は，**教師にとっても，準備物や打ち合わせ等の必要性を気づかせてくれる**機会になったということです。正常に動かない炊飯器があってその代用をどうするのかとか，子どもが用意した野菜の量が多すぎて鍋いっぱいになったりして，事前の細かな注意や準備の必要性を実感しました。

そして，33時（７/８）は，試作会のカレーを食べていただいた先生方の感想や助言も参考にして，本番のカレーづくりの改善点を検討。34時（７/15）では，藤田栄養士さんや保護者の出席を得て，学年合同で班ごとに究極のカレーに関する「出来栄え」を除く評価規準にそった理論的な発表を行いました。すべての班が１分程度の発表の後，全員で評価の観点にそってベスト１と２を投票して，その日は終わりました。

本番のカレーづくりの35時（７/17）は，食材の買い出しからカレーづくりまで手際よく進められました。試作会の経験が生きています。

夕方，コンテスト会場となった体育館には，２つの学級の班のカレーが机上に並べられ，後ろには発表会で使った模造紙が掲示されています。子どもも招待された保護者も各班を回って食べ歩きをして，自班以外でカレーの「出来栄え」の投票をしました。ここでは，言葉やビジュアルな表現だけでなく，実際に作ってみるという「３点照合法」が適用されています。どの班のカレーも試作会よりも数段おいしい。F男の班のカ

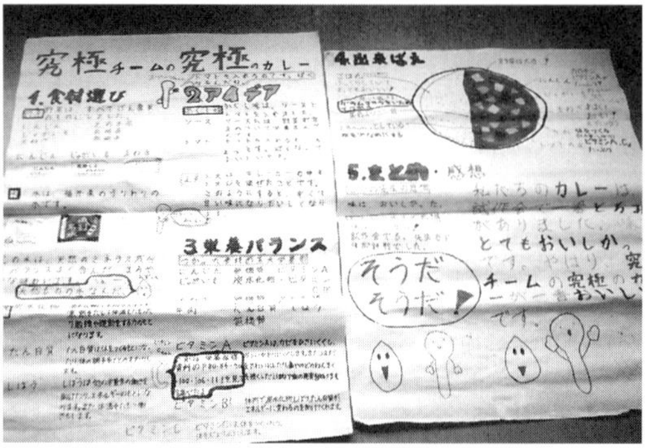

究極のカレーの理論的説明

レー理論はもともと優れていたのですが，実際作ったカレーもかなり改善されました。彼は，36時（7/19）に「カレーは最初とくらべて，大はばにレベルアップした」と振り返っています。

そして，藤田栄養士さんは，コンテストで総合的に評価の高かった班のカレーのレシピを学校給食のカレーづくりにも取り入れると約束してくれました。

工夫のしどころ④　「中間と最終の発表会」

松村聡（松岡小学校）

中間発表会での失敗は貴重です。そこから新たな学びの方向性が得られるからです。しかし，最終の発表会では，たとえ失敗しても全員が納得いくか，満足のいく形で終わらせるべきでしょう。

カレーコンテストでは，2学級合わせて12のチームがあったのですが，どのチームも何らかの賞をもらうことができ，保護者の方も子どもたちも満足して終わることができました。

そのために校長先生，教頭先生，安藤先生，大西さんたち審査員の方と私の間で綿密な打ち合わせがあったのはいうまでもありません。

後の家庭訪問で「カレーコンテストでうちの子が担任の先生特別賞をいただいたので，ほんとうにうれしがっていました」と話してくれた保護者がいらっしゃいました。こういう成功体験が次の活動意欲を引き出すきっかけになるのだと思います。

4 「環境リサーチ」の実践

【1】総合的な学習を一本の線で貫く

「私たちは，１学期から３学期を通して，カレー学習から身の回りのきけんからだんだんつながって，やっと環境マップをつくろうとしている所です。（中略）みなさんぜったいにぜったいに食材の安全性には気をつけてください！　２学期は，もっとほかの手がつかないきけん性が身の回りにあるのではないかで，環境リサーチでいろいろなテーマをさがして，生物はだいじょうぶかで，ホタルやメダカを調べました。」

これは，Ｎ女が2000年２月21日に書いたもの。松村教諭は，「究極のカレーづくり」に続いて，11月末から「環境リサーチ」を始めました。（翌年１月末まで続けられ，2000年度に６年ろ組として持ち上がってからも継続されています。それは，「身の回りの危険」という一本の線でつながっています）

「カレーづくり」といえば，国際理解教育を思い出す人も多いでしょう。しかし，松村教諭は，食材の安全性に着目させて環境教育を行うための布石としました。その発想のすばらしさに驚かされます。そして，「環境リサーチ」の学習からは自分でカリキュラムをデザインし，子ども用ポートフォリオを活用していくまでに力量を高めていました。

まず，松村教諭は，「環境リサーチ」を，次頁のようなカリキュラム・デザインとして描いていました。

松村学級では，５年ろ組の最初から学級でメダカを育ててきました。６年生になって，メダカをどうするのかということが論議の的になることが予想されます。したがって，15で「メダカを放すとしたらどこに放せばいいのか」ということを据えました。

表４　環境リサーチのデザイン（1999年11月末作成）

ねらい

ｏ食材の危険性のほかに回りの危険性（環境破壊）を指摘する。

ｏ公害と環境問題の違いを指摘する。

ｏグループごとに計画性をもって調べる。

ｏ環境問題に対して自分は何ができるのかを判断する。

ｏ学級で育てているメダカを通して，松岡町の環境に働きかけるきっかけを作る。

「環境リサーチ」の学習の流れ

1．環境破壊についての情報を集める。
2．ＫＪ法で情報を整理する。
3．校区の環境問題で知っていることを箇条書きにする。
4．調べてみたい問題についてウエビングをする。
5．**問題別にグループをつくる。**
6．各グループで環境リサーチの計画を立てる。
7．環境リサーチを実施する。
8．公害について調べる（四大公害）。
9．環境リサーチマップを作成する。
10．**中間発表会**
11．松岡町の環境は大丈夫なのか。どんなことを調べて発表すればいいのか（評価規準の設定）。
12．環境問題について調べる。
13．自分で調べた環境問題を発表する。
14．環境問題発表会
15．**メダカを放すとしたらどこに放せばいいのか。**
16．松岡町をビオトープにしよう。

ここでは，デザインの「【１】教室や学校を越えた課題を」という条件を考慮しています。中間発表会も10にあります。「カレーづくり」のように，結果から逆算するアプローチを適用しています。

【２】総合的な学習の難易度

しかし，「環境リサーチ」は，１学期の「カレーづくり」とは次の２点で違っていました。

第１に，「ねらい」に述べているように，「環境リサーチ」のほうが**プロジェクト学習であるために，最終的な子どもの学びの結果に対するイメージがはっきりしない**ことです。最後に「松岡町をビオトープにしよう」ということを設けて，「松岡町に発信しよう」という“ホームページ作成”のパフォーマンスが念頭にありましたが，それは，「おいしいカレーづくり」のように，最初から子どもと共有できていません。

松岡町のさまざまな環境問題を確認することが先決であり，学びの結果に対するイメージが漠然としていたのです。水のきれいな所に「メダカを放流しよう」としても，ゴミや空き缶のポイ捨てなどのように，ほかの環境問題とも関連した複合的な問題になることもあるでしょう。本質的な問題の発見がむずかしくて，問題追究が複雑で意義深いことに気づかせることがゴールと考えられるといってもよいのかもしれません。

これは，「環境リサーチ」がプロジェクト学習であることに伴うむずかしさです。それに対して，「カレーづくり」のほうは，パフォーマンス学習で，最終的な結果のイメージを比較的描きやすかったのです。プロジェクト学習では，問題点を明らかにすること自体がむずかしいという点で，パフォーマンス学習より息の長い追究が求められます。

第２に，環境問題という課題は学級共通ですが，次頁の**表５**に示すように，**グループごとに別々の問題を追究している**ことです。「究極のカレーづくり」においても，複数の問題を並行的に追究させることはできます。例えば，究極のカレーを評価する観点（①おいしさ，②食材の安

表5　総合的な学習の類型

	パフォーマンス学習	プロジェクト学習
単一問題型	Aやさしい 例：究極のカレーづくり	Cややむずかしい 例：環境リサーチパート2
複数問題型	Bややややさしい 例：カレーを観点別に追究した場合	Dむずかしい 例：環境リサーチパート1

全性，③栄養のバランス，④アイデア）のうち班によって重点的に学びたいものを一つ決めて，最後に各班の学びを総合して，究極のカレーをつくるようにデザインすればよいのです。

つまり，総合的な学習には単一問題型と複数問題型があって，単一問題型は，共通体験や練り上げによって学びが深まるが，広がりに欠け，複数問題型は，多面的多角的な学びの広がりはあるものの，学びが浅くなりやすいということです。複数問題型は，単一問題型より子どもの学びが複雑で多様になります。もっとも多様な例は，卒業論文づくりのように，1人1課題の場合です。当然，教師の負担も重いでしょう。

そして，〈パフォーマンス学習／プロジェクト学習〉と〈単一問題型／複数問題型〉を組合わせた場合，**表5**に示すように，AからDになるにしたがって難易度が高くなるように思います。CとDであげたタイプの総合的な学習がどのようになるのかということを環境リサーチの実践を通して見てみましょう。

【3】6年になって実践を仕切り直す

環境リサーチは，次頁の**図5**のように，2つの学年にまたがって，3つに区分できるような展開になりました。網かけは，デザインとは異なった修正部分です。第一次の後半では，私のほうから1年間のポートフォリオの振り返りをお願いしたので，予定外の追加が多くなりました。

しかし，最大の修正は，予想以上に時間を費やしたために，６学年まで実践が食い込んでしまったことです。

第一次（後に「環境リサーチパート１」と称する）では，③の校区の環境問題（CO_2，タバコのポイ捨て，空き缶，ゴミ，排気ガス，ホタル・メダカ，森林，川・水の汚れ）ごとにグループで分担して調べて，松岡町の環境リサーチマップにまとめて終わりとなりました。年度末が迫って，教科の進度が遅れて，時間のやりくりが困難になったためです。評価規準もつくったのですが，ほとんど生かされていません。

図５　「環境リリーチ」単元の流れ

時	学　習　活　動	教師の支援（☆はポートフォリオ評価）
第一次 11/25〜3/4 （1時〜25時）	追究　松岡町の環境リサーチ（パート１）（５学年）	
	①　新聞で身近な危険に気づこう	○「見たこと作文」や新聞で環境問題を探る　☆カードを用意
	②KJ法で環境問題を探ろう	○調べたい問題３つ→１つに絞る
	③校区の環境問題は何か CO_2，タバコのポイ捨て，空き缶，ゴミ，排気ガス，ホタル・メダカ，森林，水・川	
	④問題を絞ってリサーチしよう	☆ウエビング→グループの編成
	リサーチの計画（日程・時間含む）	○簡易水質検査器をコーチング
	環境リサーチの実施	☆中間発表会の日を予告する
	⑤４大公害について調べる	○社会科の教科書・資料を使って
	⑥環境リサーチマップづくり	
	⑦中間発表会	☆環境リサーチの評価規準をつくる 福井は大丈夫か／何が原因か／いかに変化したか／どうすれば防げるか／できることは何か
	⑧松岡町の環境は大丈夫か	
	⑨振り返ってまとめる	
		○十分時間をとって振り返らせる
	⑩　一年間の成長を振り返って	☆プレゼンテーションの絵コンテを描かせる

	⑪ どのようにプレゼンテーションするか	○プロジェクターなどの準備
	⑫環境問題発表会 ⑬ 目次とあとがきを書こう	☆保護者にもポートフォリオを見てもらって，感想をお願いする
第二次 4/14～5/12 （26時～29時）	どんな町が住みよいか（6学年）	☆5年生のポートフォリオからベスト学習物等を組み入れる。ただし，1つに限定しない
	① 住みよい町ってどんな町？	○5年の学びとの連続性に留意する
	② 総合学習のテーマを決めて学びの見通しを立てよう	
第三次 5/23～7/15 （30時～45時）	メダカを放すとすれば，どこか（パート2）	
	①学級のメダカの放流場所は？ 1人や仲間で調べる	○校区地図でビジュアルに ○放流の場所と条件に分ける ☆「生活＆学習アンケート」を実施 ☆ポートフォリオを持ち帰らせて保護者に意見を聞く ○メダカ絶滅の新聞記事等を配布
	②リサーチポイントを決めよう (a) 保育所裏　(b) 幼稚園裏　(c) I君の家の近く　(d) 松岡中学校裏	○1人調べの内容を発表させる
	③リサーチの計画を立てよう	○グループごとの役割・仕事分担を明らかにする
	④リサーチしよう	○デジカメ・ゴミ袋・ペットボトル・網・記録用紙などを用意
	⑤調べ活動のまとめ まとめの後，発表会を実施	☆学び方アイテムに留意させる ☆発表→質問→評価の順に ○論点の整理をして，結論はオープンエンドに
	⑥候補地の話し合い 松岡中学校裏 vs I君の家の近辺に絞って	○第3の候補先として「なし＝ビオトープ」にも目を向けさせる ☆印象に残った出来事・授業を投票
	⑦ 1学期を振り返って	☆「生活＆学習アンケート」実施

第二次は，６年ろ組になって学年も改まったので，子どもたちに「どんな町が住みよいか」と問いかけて，環境リサーチを継続するかどうかを検討させました。このように，たとえ持ち上がり学級だとしても，学年をまたがって総合的な学習を継続する場合には，仕切り直しが必要でしょう。松村教諭から「ひきつづき環境リサーチを続けたい」ということで，次頁の**図６**のようなマッピングをしてもらい，これまでの総合的な学習とこれからの総合的な学習との関連づけを図りました。

しかし，最終的には，子どもたちが環境リサーチの継続に意欲を燃やさなければ，どうにもなりません。幸いにも，５年生以来，教室で飼っているメダカの処遇をどうするかという切実な問題もあって，環境リサーチを行おうということになりました。

工夫のしどころ⑤　「時間のやりくりに苦労」

松村聡（松岡小学校）

「地球の歴史」の授業は，生物の進化をたどりながら，「環境」という視点で地球全体を見つめ直す活動へとつながっていきました。

私の頭の中では，食材の安全性から環境問題へとつなげるための支援の授業というつもりでした。

また，この年は，年間35時間を総合的な学習に充てる予定でした。しかし，１学期のカレー学習ですでに多くの時間を費やしたために，継続した学習を行うことが困難な状況でした。それで，各教科の時間を寄せ集めて合科の授業をして時間をつくり出すしかありませんでした。

時間のやりくりに苦労した１年間でしたが，やはり大事なのは，各教科の基礎・基本の学習だと思います。これをおろそかにして，実りある総合的な学習などありません。基礎・基本の学習を大事にして，かつ総合的な学習の時間もつくり出していく，ここらが教師の力量の表れるところではないでしょうか。

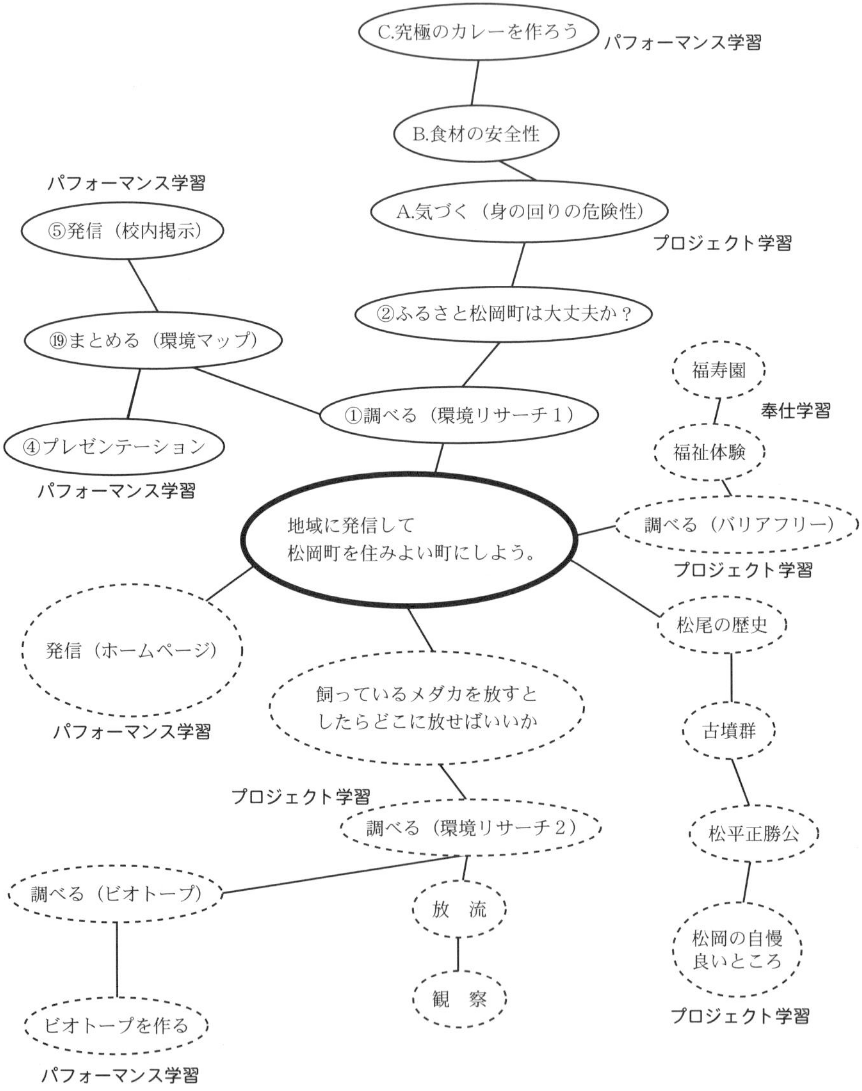

図６　究極のカレーのと環境リサーチの関連図

【４】学びの山場はパフォーマンス

第三次は，当初のデザインでも考えていたように，「メダカを放すとしたら，どこに放てばよいのか」という単一問題の追究です。

最初の30時では，松村教諭が松岡小学校（吹矢進校長）の校区の地図を黒板に貼って，この問いを投げかけたところ，子どもが黒板に書き出した意見は，メダカを放流する“場所”と“条件”に分かれました。

一つ一つの意見を確認しながら，敵がいなくて，えさがあって，小川で水がきれい，などの条件を導き出した後，条件がそろった場所があるかどうかを検討したのですが，最後には「実際に確認しよう」という言葉で授業を終えました。

31時では，子どもたちは，メダカリサーチの候補地を８つあげました。そして，数日後に「生活＆学習アンケート」を実施し，ポートフォリオを保護者に見せて，例えば，次のような感想や助言をいただきました。

〈K女の母親から〉

「環境リサーチ２の目標は“たくさん学び調べやまとめアイテムを身につけたい！”とありましたが，とてもいいことだと思います。(中略）でも，調べたり，頭で考えたりするだけじゃなくて，自分の足で実際にいろいろな場所を探してまわるのも大切なことだと思いますヨ」

授業を進めるうちに，メダカの放流先が(a)保育所裏，(b)幼稚園裏，(c)Ｉ君の家の近く，(d)中学校裏の４つに絞られると，５つの班を編成し，次のどれかを調べる役割を割り当てて，４か所すべてをリサーチします。その際に，カメラをとるとか記録するような役割分担もしました。

○SIST（水質）調査隊：水質を調べる。顕微鏡でプランクトンを探す。
○生き物調査隊：敵やえさとなる生き物がいるか調べる。

環境リサーチ発表会

○水草調査隊：小川に生えている水草を調べる。

○スピード調査隊：流れる速さを測定する。

○サラウンドファイブ（周囲）：ゴミやまわりの様子を記録する。

さて，学びの成果の発表会ですが，単に発表させるのではなく，各グループが発表してから，付箋紙に相互評価を書き，次のグループの発表という手順で進められました。そして，１学期最後の環境リサーチは，４つの候補のうち放流先としてふさわしいのはどこかを挙手で選ばせ，(c)Ｉ君の家の近く，(d)中学校裏の２か所に絞り込み，それ以外は(e)そのほかとして討論を組織します。(e)は，実質的にはビオトープのことです。

実際の討論では，子どもたちは，(c)と(d)のどちらが放流先としてふさわしいかを中心に議論をしましたが，どちらの立場の子どもも相譲りません。

そして，(c)は大雨が降ると流される，(d)は水温がメダカの成育には低すぎる，という点で問題があることを確認し，(e)のビオトープは，まだよくわかっていないので，これから見学に行くことも含めて，調べる必要があるということで授業を終えました。

このように環境リサーチの学びは，実地に調べたり，討論したりするパフォーマンスが山場です。

この総合的な学習のカリキュラム評価をして，次回の参考資料にする必要もあるはずです。そのような想いから，私から次のチェックリストによって「環境リサーチ・パート２」のカリキュラム評価をお願いしました。実際，「究極のカレー学習」に比べて，教師の予想外の展開や時間超過が多かったように思います。

表6　総合的な学習「環境リサーチ・パート2」のカリキュラム評価

（2000年7月19日）

次の評価表によって，あなたの総合学習のカリキュラムを評価しなさい。表の右にある尺度は，［1］「ぜんぜん違う」，［2］「やや違う」，［3］「だいたいそうだ」，［4］「そのとおり」ということを表しています。もっともふさわしいと思う数字に○をつけなさい。

課題	1 意味や意義，深まりのある課題である。	［1・2・3・④］
	2 以前の学習や実社会の応用と結びついている。	［1・2・3・④］
	3 自ら問題を見つけ，追究したいような課題である。	［1・2・3・④］
	4 主体的に判断し，問題の解決にあたるような課題である。	［1・2・3・④］
	5 学び方や見方・考え方が導入され，評価される。	［1・2・3・④］
学びの質	1 子どもにとって発達的に適切である。	［1・2・3・④］
	2 学び方と内容の2種類の評価規準が組み込まれている。	［1・②・3・4］
	3 子どもが評価の観点と規準の設定に加わっている。	［1・2・3・④］
	4 評価規準と日程が実社会に照らして適合している。	［1・2・③・4］
	5 評価規準を関係者全員が理解している。	［1・2・3・④］
	6 妥当で信頼できる評価法がデザインされ，使用されている。	［1・2・3・④］
意義深さ	1 子どもは，体験や発表に価値があり，挑戦的と思っている。	［1・2・3・④］
	2 親・地域の人・教職員は，体験や発表が価値あると思う。	［1・2・③・4］
	3 子どもの学びを見たり・聞いたりする人を活用している。	［1・②・3・4］
役割	1 子どもは，総合学習の計画に積極的に加わっている。	［1・2・3・④］
	2 子どもは，実際に問題解決にかかわっている。	［1・2・3・④］
	3 教師は，子どもの学びを促進する人である。	［1・2・3・④］
	4 親や地域の人は，人的資源としての役割を果たしている。	［1・2・③・4］
運営法	1 必要な人的物的な教育資源をうまく得ることができる。	［1・2・3・④］
	2 中間的な体験や発表の場が設けられている。	［1・2・3・④］
	3 複数の学習スタイルを活用する機会が設けられている。	［1・2・③・4］
	4 体験や発表は，時間を含めた利用可能な資源で実施される。	［1・2・3・④］
	5 体験や発表の仕方は，教師から見て発達的に適切である。	［1・2・3・④］

工夫のしどころ⑥ 「やはり体験は強し」

松村聡（松岡小学校）

実際に見たり体験してきた意見は根強いと思いました。もともと話し合い活動が得意な学級ではないのですが，このときの討論は，多くの子どもが自分の意見をしっかりもって発言することができました。

この日は，授業参観日だったのですが，なかには6年間の授業参観で初めて発言した子もいて，私自身驚きました。黙っていられないほど，言いたい意見があったのだと思います。

いかに体験を踏まえた意見は，自信をつけるものだと痛感しました。

【5】学校行事との関連づけ

「環境リサーチ」は，単一問題型とした後もなお続けられていきます。このようにパフォーマンス学習（「究極のカレーづくり」）のほうが，プロジェクト学習（「環境リサーチ」）より展開を比較的読みやすいのです。

「究極のカレーづくり」が「環境リサーチ」より簡単であった理由は，もう一つあります。それは，学年キャンプでカレーをつくるという学校行事と結びつけていた点です。

学校行事と総合的な学習を関連させるのはケシカランという意見もあるかもしれません。たしかに，総合的な学習を単なるお楽しみのイベントとして学校行事に解消してしまうことには反対です。

しかし，総合的な学習の**学びの節目**を学校行事に見いだして，パフォーマンスさせることは意義深いのではないでしょうか。

例えば，福井大学附属中学校では，次頁の図のように３年間の学校行事と絡めながら，「学年プロジェクト」と称する総合的な学習を行っています。昨年度末は長崎に修学旅行に出かけて「Don't Forget」という原爆を題材にしたオペレッタを上演しました。そして，今年度６月にも福井市連合音楽会で同じテーマのオペレッタを発表しましたが，ストーリーはまったく異なり，質的にさらに高いパフォーマンスでした。

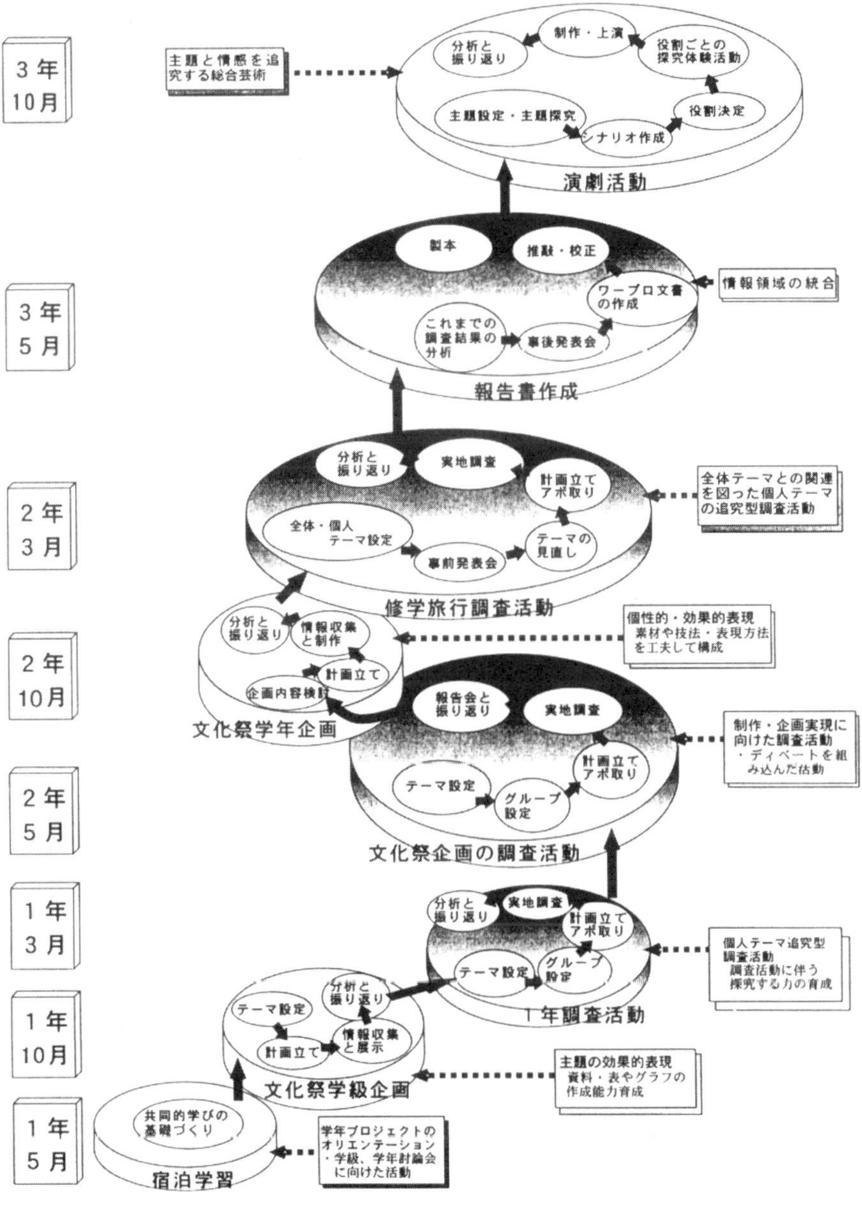

図７　中学３か年を見通した学年プロジェクト[11]

このように中学３年間を見通しながら総合的な学習の中に学校行事を位置づけていくと，それはもはや学校行事を越えるような教育的営みとなるように思います。

しかも，学校行事は，期日があらかじめ決まっているために，教師にとっても子どもにとっても，その日までに何がなんでもやらねばならないという気持ちにさせます。プロジェクト学習の要素として含まれていた「『予定の期日』が学びを導く」ことになるのです。さらに実際問題として，総合的な学習の初心者にとっては，学校行事のような機会を目安にして，学級や学年全体で一つのテーマに取り組むほうが実施しやすいのです。

注

(1)Hart, D., *Authentic Assessment*, Addison - Wesley Publishing Company, Inc. 1994, p.107.

(2)川喜田二郎『続・発想法』［中公新書］中央公論社，1970年。

(3)Goodrich, H . et.al. *Teaching Through Project*, Addison - Wesley Publishing Company, 1995, pp.90-94.

(4) W.キルパトリック[市村尚久訳]『プロジェクト法』明玄書房，1967年，49-50頁。

(5)土屋潤身『プロジェクト法』新制教育研究会，1949年，229-234頁。

(6)同上，206頁。

(7)Marzano,R. J, *Transforming Classroom Grading*, Association for Supervision and Curriculum Development, 2000, p.87.

(8)Wiggins, G.P. op.cit. [1998] p.207.

(9)Goodrich, H. et. al, op. cit. pp.10-11.

(10)加藤幸次・安藤輝次，前掲書，160-192頁。

(11)福井大学附属中学校研究会『探究・創造・表現する総合的な学習』東洋館出版社，1999年，107頁。

第4章 ポートフォリオ初心者向け講座

「何でもいいから作品なりメモなどの学習物等を集める。必ず日付は付けて，ファイルする」。これだけを子どもに伝えて，ポートフォリオを始めました。実際，子どもにやらせてみると，これさえなかなかむずかしいのですが……。

たしかに，学習が進むにつれて，ファイルは，どんどん分厚くなります。しかし，これで終わっては，学習物等の逸脱・紛失を防ぐことが目的の“学習ファイル”です。

授業後に，ファイルを回収して目を通しても，「ちゃんと今日の学習の記録がファイルされているかどうか」ということが指導の中心になってしまう。さらに問題なのは，子どもたちの中に「なぜ学習物をファイルしなければならないのか」という不満だけが募っていくことです。

これは，ポートフォリオを見よう見まねで始めたころの大橋巌教諭（福井大学附属中学校）の経験談です。

1999年は，“ポートフォリオ元年”ともいうべき年でした。数多くの図書が出版され，いまも雑誌の連載や特集も行われています。しかし，ほとんどがポートフォリオに関する外国の紹介や実践案です。「ポートフォリオの実践はこれから」というのが実情でしょう。

大橋教諭は，自分の失敗経験から，ポートフォリオには**選ぶ作業**が不可欠であるということを学んでいます。これは，初級レベルを越えて，中級レベルのポートフォリオの必要性に気づき始めたということです。

たしかに，ポートフォリオを「やってみなきゃわからない」という面もあります。しかし，その前に，「ポートフォリオとは何か」とか「学習ファイルとはどこが違うのか」という理論的な理解だけはしておいたほうがよいと思います。

1　ポートフォリオ入門 —学習ファイルとどこが違うのか—

【1】360度評価で学びを展望する

総合的な学習では，従来の教科学習のように教師・教材・子どもの３要素ではなく，**図１**に示すように，**本物の「課題」**が据えられ，教材が人的物的な**教育「資源」**にとって代わります。

人的資源とは，地域講師や調査先の人などのことで，物的資源とは，地域で総合的な学習に役立てることのできる施設や事物などを指します。資源の多くは，教室外や学校外にありますから，教師は，資源との「連携」を保つためのコーディネーター的な役割を果たすことになります。このように教育資源は，教師が特定の事柄を伝達したいという意図を込めて用意した教材とは違った位置づけがされます。

そして，資源という新しい要素が加われば，教師と子どもの関係も「支援と制約」という関係に変わらざるをえません。つまり，教師は，子どもに何かを伝達するのではなく，子どもの学びの現実という制約を踏まえて支援をする。そこで教師は，スポーツ選手に対するコーチのような仕事をすることが求められます。

また，子どもは，本物の課題を解決するために，人的物的な教育資源から自ら情報を引き出し，知識を構成して

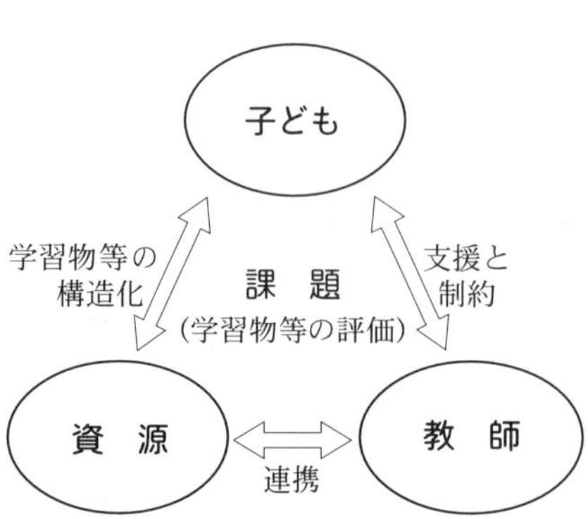

図１　総合的な学習の三角形

【いつでもどこでも何でも評価 ongoing assessment】

長期にわたって同じ知識，技能，態度などを繰り返し評価し，学びを修正したり，新たな学びを展開するための情報をえること。アメリカでは，このような意味合いだけではなく評価規準の共有化という条件も付け加えることもあります。

いきます。総合的な学習の時間では，調べたり，まとめたり，模型や本物をつくったり，発表したりすることもあります。それらの学習物等を収納する所がポートフォリオです。

このようにポートフォリオに収められるものは，学びの過程で書き残したものだけでなく，作品やビデオなど多様な種類の学習物であって，その意味で“360度評価”といってもよいでしょう。

ただし，ポートフォリオは，単なる学習物等の収納庫ではありません。子どもは，学習物等を「**いつでもどこでも何でも評価**」しながら，自分自身で，ときには教師や級友の助けを得て，「学習物等の構造化」を行い，現在の学びの足場を固めて，未来の学びを展望していくのです。

【2】学習ファイルからの脱却を

総合的な学習の先進校の多くは，子どもが集めた資料や学んだ事柄などをファイルしています。小学校では子ども向けの学習シートが中心で，中学校や高校では教師が本時の活動等を指示したプリントを収めていることが多いという傾向があるようです。しかしそれらは，子ども向けシートや教師配布のプリントを集めた“学習ファイル”であって，ポートフォリオではありません。

学習ファイルの特徴

①子ども一人一人に持たせる…全員が同じ大きさで紙製のフラット・ファイル（ペーパーファスナー付き）を用います。学校で一律に同一規格のファイルを用意することが多いようです。

②古い学習物の上に新しい学習物を重ねる…学習物を収納することが重視

されていて，学習物を相互に検討し合うのは，一番上の学習物ぐらいに限定されます。氏名や年月日の記入はあったり，なかったりします。

③**下書きや振り返りなどはファイルしない**…子どもが学習物を振り返って，次の学びに生かそうという発想がありません。子どもにとっては学んだことの収納庫，教師にとっては子どもの学びを見取るための資料とされています。

要するに，学習ファイルは，子どもが自分の学習物を評価し，新たな学びにつなげるようになっていません。

しかし，教師が学習ファイルを検討し，組み替えることを通して，ポートフォリオの発想にふれることができます。生活科の学習ファイルですが，その具体例を紹介しましょう。

私の大学の大学院公開講座において，A先生が受講生十数名の先生方に子どもの学習ファイルを一つずつ渡して，小学２年生活科の実践「ステキな町大作戦」を発表しました。ところが，②のように，古い学習物の上に順次新しい学習物を重ねた学習ファイルです。それで，日付順に並べ直し，学習物を読んで，その子どもの学びの歩みをマップとお話で描くようにお願いしました。

学習ファイルに収められたシートには日付があるものもあれば，ないものもあります。したがって，古いものは一番下で，順々に重ねられていると想定して，作業を進めざるをえません。マップに子どもたちの学びを写し出す過程は，日付もわからないので考古学者が遺跡を発掘するような作業になりました。まさにファイルはパイル（堆積：pile）です。

ともかく苦労しながら何とか一人一人の子どもの学びを跡付ける作業を終えました。例えば，B先生は，**図２**のようなO男の学びの跡付けをしましたが，別の子どもの学習ファイルを読んだほかの先生は，これとはまったく違う子どもの学びの歩みを描き出しました。

教師は，同じテーマで同じような体験の機会を与えているのに，一人

一人の子どもは，別のところに興味関心をもっています。このようなあたりまえのことがマップとお話づくりの作業で実感できます。

A先生が実践中に発行した学級通信では，学級の子どもが訪れた場所をたくさん載せていますが，一人一人の子どもの学びは綴られていません。学習ファイルにとどまるかぎり，子ども把握が浅くなります。しかも，子どもの次の学びに生かせません。

それぞれの先生が読み出した結果を発表し合った後，A先生は，O男は勉強ができて，全身で遊ぶことの少ない子どもだと思い込んでいたけれども，B先生から「O男は，ほんとうは自然に対して関心があったのでは……」と指摘されて，そうではないという一面を「教えられた」と

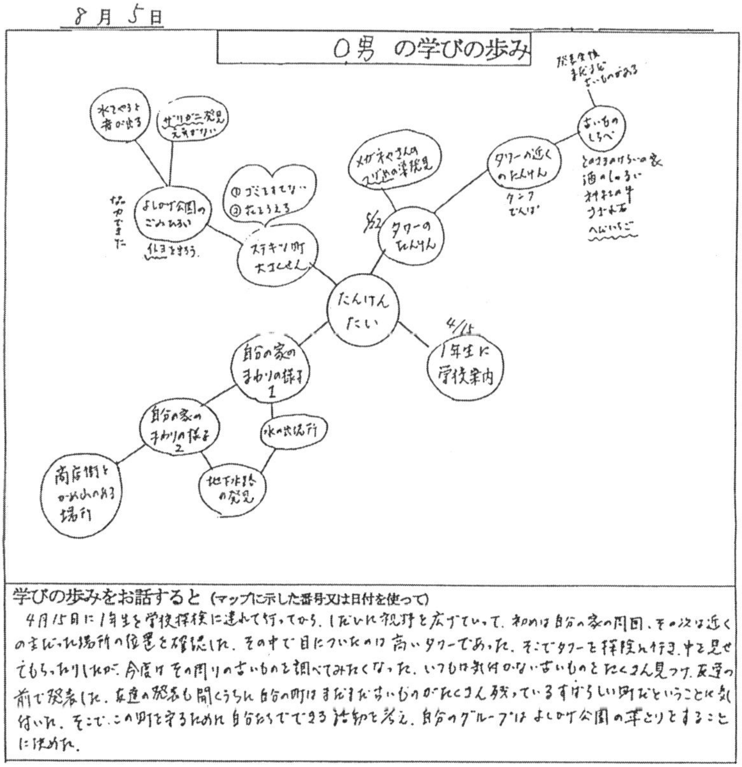

図2　学習ファイルの跡付け

言います。ここにO男の学びを支援する芽があるように思います。

【3】ポートフォリオの構成要素

ポートフォリオは，自分が学びの伸びや変容を多面的多角的かつ長期的に評価し，新たな学びに生かすために学習物等を集めたものです。

ポートフォリオ（学習ファイルと比べた違い）

(1)個人や班で持ち，個性的な学びのファイルである

総合的な学習は，従来の教科学習とは違って，息長く続けられる学びです。したがって，生み出された学習物も個性的になり，一つとして同じではありません。班でポートフォリオをつくる場合には，自分の学習物に名前と日付を明記しておきます。

(2)年月日順に集め，問題発見後は評価規準にそって集める

学習ファイルでは，学習物の年月日順にこだわることがありません。それは，単に学習したものの収納庫でしかなかったからです。しかし，ポートフォリオは，自分の学びの歩みをたどり，その過程で問題発見へと導くツールです。

(3)下書きや振り返りもファイルする

総合的な学習におけるポートフォリオは，自分の学びや失敗の過程をファイルし，学びの節目だけでなくいつでもどこでも何でも評価しながら，次の学びを展望するために役立てられます。

さて，ポートフォリオの構成要素の点から，ポートフォリオとは何かということを押さえておきましょう。ポートフォリオは，次の頁に示す７つの要素において，学習ファイルとは違います。そして**図３**に示すように，ポートフォリオの実施法を初級，中級，上級のレベルに分けて段階的にステップ・アップを図ったほうがよいでしょう。

例えば，１学期は初級レベル，２学期に中級レベル，３学期で上級レベルをめざすというように段階的に導入してください。少なくとも中級

基本要素	
	① 目的の明確化
	② 学習物の収集
	③ 不断の評価
	④ 規準をつくって学習物を選ぶ
	⑤ 検討会で振り返る
	⑥ 学習物の入れ替え
	⑦ 発表して感想を聞く

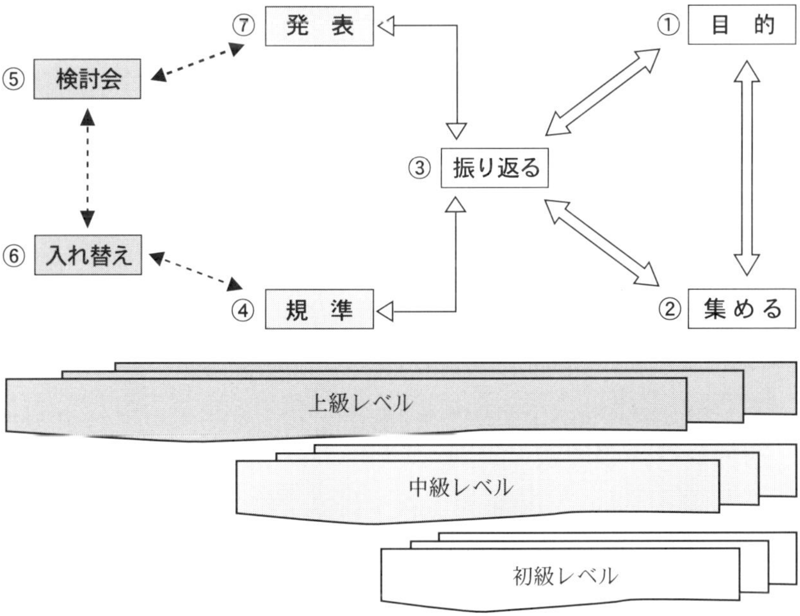

図3　ポートフォリオの基本要素①～⑦と難易度

レベルには到達してほしいと思います。そうすれば，子どもたちは，少しずつ自らの学びを評価し，次の学びを切りひらくようになります。

ただし，子どもの発達によってポートフォリオの上達の程度も変わってきます。小学校低学年でも上級近くまで達する子どももいますが，大部分の子どもは，初級にとどまっています。それで，森目小学校では，無理なくポートフォリオを導入するために，次のような学年別のポートフォリオの取扱いをしていますので(1)，参考にしてください。

表１　ポートフォリオを導入するための学年別取扱い（森目小学校）

第１学年 学習ファイル	教師主導の評価 ・学習活動の足跡を証拠として残し，最終段階で振り返る。 ・課題やねらいは子どもの実態に応じて，教師が中心となって決める。
第２学年 初級レベル	教師の支援による評価活動，学びの振り返りの体験 ・学習過程を含めた自己評価を体験を踏まえて行う。活動の足跡から，活動を振り返り，話し合いをしながら評価の規準を検討していく。 ・教師を交えた話し合いをもとに課題をつくっていく。
中学年 中級レベル	主体的な評価活動，振り返りのきっかけ ・課題づくり，評価規準についても自分なりに考えた上で話し合い，自分なりのめあてをもって学習に取り組む。 ・教師の支援のもと，評価規準に合わせて振り返る経験を積み重ねる。
高学年 上級レベル	主体的な評価活動，振り返り ・自学自習に向けて，評価活動を交えた自己評価，振り返りを子どもたち中心で行ったり，学習計画を立てたりする経験を積極的に積み重ねていく。

2　初級レベルの理論と実践

初級レベルの流れと留意事項

【1】ポートフォリオづくりの目的をはっきりさせる

子ども用ポートフォリオか，個人別か班別か。

【2】学習物を多角的に集める

下書きや失敗作も含め，書面，ビジュアルなもの，行動的なものの３つの面から。必ず日付，名前を。

【3】いつでもどこでも評価する

気軽に付箋紙で振り返る，他者からの振り返りも（日付，名前は必ず）。

①目的の明確化，②学習物の収集，③不断の評価は，ポートフォリオのもっとも基本的な枠組みを形作る要素であり，互いに影響し合っています。「目的をもって集めて，振り返れ」という３要素を満たさなければ，単なる学習ファイルにすぎません。

【1】 目的をはっきりさせる

まず，子ども用ポートフォリオにするか，教師用ポートフォリオにするかを決めてください。子どもが自分の学習物を手がかりにして，自ら振り返り，次の学びに生かすものは **“子ども用ポートフォリオ”** です。他方，支援をする力量を鍛えたいというように，教師が特定の目的をもってポートフォリオをつくる場合は **“教師用ポートフォリオ”** です。

もしも子ども用ポートフォリオを採用するならば，一人一人に持たせるか，班で持たせるかを決めてください。「卒業研究」ならば **個人用ポートフォリオ**，「環境学習」で班単位の活動をさせるならば **班ポートフォリオ** となるでしょう。第３章に紹介したカレー学習では，個人用ポートフォリオを持たせながら，班での学習物は，班ポートフォリオに組み入れていました。そのような個人と班の併用もあってよいと思います。

さて，総合的な学習で子ども用ポートフォリオを使おうということになったとします。しかし，**子どもも教師も「何のためにポートフォリオづくりをするのか」ということが明確である** ほうが，目的意識も高まって，学びもスムーズに進むでしょう。

そこで，教師が総合的な学習の **課題にかかわって探りたい事柄を項目に加えた「生活＆学習アンケート」** のような調査を実施してください。同じアンケートを総合的な学習の **終了後に行って，事前と事後を比べれば，カリキュラム評価** にもなります。

【2】学習物を集める

第２章で紹介したように，総合的な学習を **始めて１か月ぐらいは**，学びの過程で生み出された学習物をポートフォリオに**収集することに専念**しましょう。

ウイギンスによれば，学びは，書面，ビジュアル，行動の３つに表現されるといいます(2)。これらのカテゴリーと総合的な学習で生み出される学習物等とを対応させると，次のようになります。

表２　学びの表現形態

(a)書面のもの	学習シート，日記，日誌，作文，手紙，振り返りメモ，報告書，提案書，班新聞，学びのめあて，日程表，チェックリスト
(b)ビジュアルなもの	絵，グラフ，イメージマップ，模型，ポスター，チラシ，設計図，イラスト，写真，ビデオテープ
(c)行動的なもの	討論，インタビュー，劇，朗読，歌う，スピーチ，模倣する，報告する，提案する，教える

例えば，(a)振り返りメモに期待したような事柄が書かれていても，そのままうのみにしないで，(b)ビジュアルや(c)行動の面でどのような表現がされているかということにも目を向け，これらのカテゴリーを念頭に置いて多角的にできるだけ多様な学習物を集めるべきです。

●下書きやうまくいかなかったものも残す

ポートフォリオでは，学びの過程を振り返って，新たな学びにつなげるために，まずは，何でも集めることから始めてください。後で整理したり，振り返ったりする際には，ビジュアルな学習物がそのときの様子をイメージさせてくれるので役立ちます。とりわけ，カリキュラム・デザインの段階から重視したい学びは，(a)書面，(b)ビジュアル，(c)行動の３点で照合することによって，質の高い学びが行われたかどうかを検証することです。

●一つ一つの学習物には，日付と氏名を必ず書く

また，いつの学習物かということも問題になります。班ポートフォリオに組み込む場合には，だれの学習物かということをはっきりさせておかなければなりません。したがって、一つ一つの学習物には、日付と氏名を必ず書くようにしてください。

工夫のしどころ⑦　「学習シート」

須甲英樹（森目小学校）

資料をためる作業にも，その子どもの特徴が大いに現れます。几帳面にメモを残していく子どももいれば，メモなどとらずに資料がちっとも集まらない子どももいます。だから，私は要所ごとに学習シートを使い，振り返りがどの子も滞りなくできるように配慮しています。

しかし，ポートフォリオを使い始めたころの学習シートは，教師の思い入れに近づけるために仕組まれたシートであり，どの子も同じような意見で埋まるものでした。これでは，その子なりの振り返りもできません。ですから，私は次のことに気をつけて，学習シートをつくるように心がけています。

①　自由な発想を求めるとき

せっかく面白い発想をもっているのに，形式や「書く」という行為がじゃまをして，その発想を表面に出さない子どももいます。その克服のために，Aの学習シートのように，自由な発想を求めるときには枠を区切ったような大ざっぱなシートをつくったり，Bのように，「コメント」と称して短いメモのような書き込みで終わるような作業で終わるシートをつくったりします。

②　後の振り返りに必要になってくると思われる段階では

ポートフォリオで後から自分の思考の変容を振り返るためには，きちんとその時々の記録を残しておく必要があります。

そのような段階では，Cのように，どの子どもも同じ形式で書けるシートをつくります。同じ形式で作ることで相互評価もしやすそうです。

③　質問の言葉は対話調で

書けなくても教師が側について対話すると，子どもはけっこういろいろな考えを表に出します。しかし，そうしたつぶやきをポートフォリオに残そうと思うと，やはり「書く」という作業は避けられません。そこで，Dのように，どの子どもも抵抗なく考えを出せるために，側で聞いているような対話調の問題をシートに書くようにします。もちろん，言葉はなるべく簡単に。

また，余談ですが，楽しい学習シートづくりのためにも言葉の吟味は欠かせません。AやEのような「なぞときマップ」「チェック・ザ・シート○○ヴァージョン」など，子どもがグッと引かれるような言葉遣いにも心がけています。

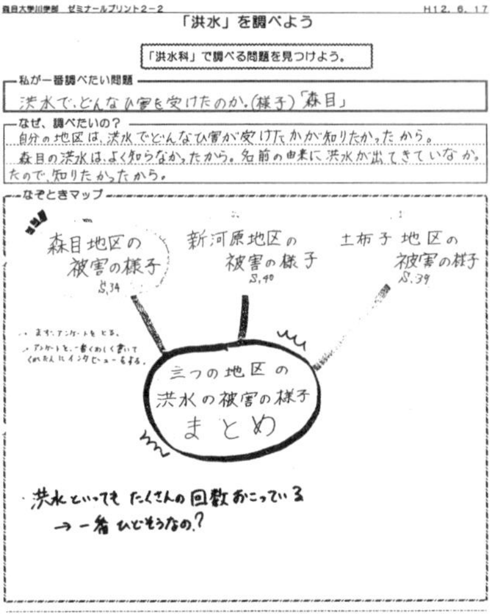

A

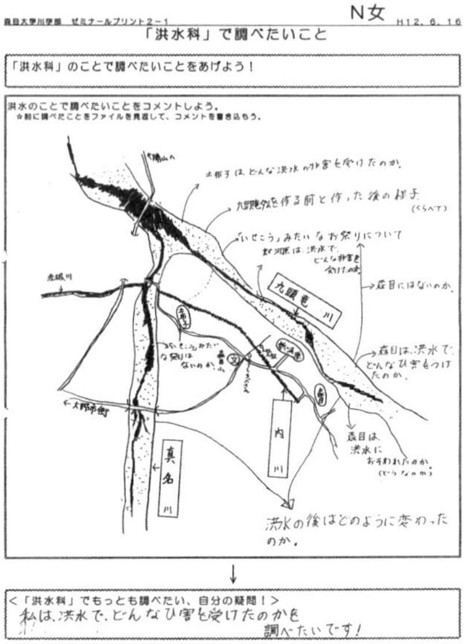

B

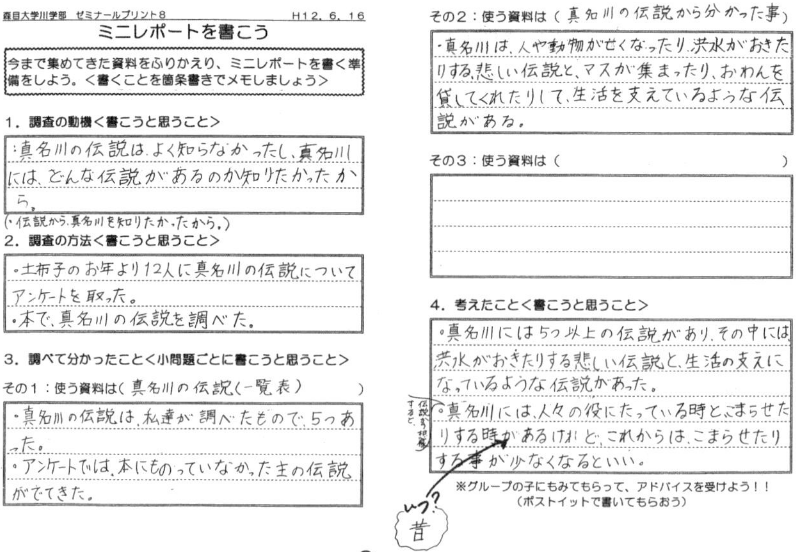

C

～川の秘密についてまとめよう～

森目地区を流れる（九頭竜川と真名）川って

その時々により

人々の川への思いは

変わってきた

なんだな～。

D

<Check The ITEM Naokoヴァージョン：タイプ2>　6月26日月曜日

<今日の活動> アンケートまとめ・本で調べる

使いすぎも注目するところを見うしなうので注意。

アイテム	このアイテムを達成するためには？	今日の学習や課外活動のアイテムふりかえり
まとめアイテム	今までは、自分でふり返っていたので、今度は友達に見てもらって反省する。	今日は、少し色を使いすぎて、逆に大切な事が分からなくなったけれど、ところどころ見やすくて良かった。
リサーチアイテム	アンケートをとったり、本を使ったりして、いろいろな調べ方をする。	今日は、アンケートと、本を使えました。本は、新聞をまとめたものでした。

<たったの一言感想> 今日で、アンケートまとめは終わったので、本で調べました。写真が見つかって良かったです。

百聞は一見にしかず。見るということは、すごくよく分かることなんですよ。

E

【3】いつでもどこでも何でも評価する

「振り返る」ということから「後悔」とか「懐かしみ」という言葉を連想する人も多いと思います。しかし，ポートフォリオでいう振り返りは，“自己省察”という意味での振り返りです。そして，**他者評価と自己評価を交互に交えた振り返り**です。優れた自己評価は，優れた他者評価抜きにはありえません[(3)]。

総合的な学習における学びを想像してみましょう。ほかの子どもの学びを見て「なるほど，まねよう」と思う。家に帰って「あれはちょっとおかしいなあ」と考え込む。問題の難所をやり通して「やった」と叫ぶ。これらは，授業外の「いつでも」，学校内だけでなく学校外の「どこでも」，知識や技能だけでなく関心・意欲・態度も含めて「何でも」評価していることになります。

その思いを付箋紙に記して，集めさせるのです。特定の学習物に対する振り返りをすることも多いでしょうが，その学習物の空白に振り返りを書いた付箋紙を貼っておいてください。学習物とそれに対して**振り返ったメモ**を合わせて「**学習物等**」と呼びます。

① とにかく，学習物を集める場合と同じように，まず気軽に振り返ってメモすることが大切です。書いた内容よりひとことでも書くということから始めるべきです。
② 振り返りメモにも，日付を必ず記入すること。例えば，翌日の振り返りと数か月後の振り返りとでは，同じように解釈できません。時間がたてば，その間にさまざまな出来事があって，それに影響されていることが考えられます。また，中級レベル以上のポートフォリオでは，学習物等を差し替えることがあります。
③ 付箋紙には書いた人の名前も忘れないように書いてください。子ども用ポートフォリオでも，ほかの子どもや教師や保護者などが見て，感想や意見を書いて付箋紙に残すことがあるからです。
④もちろん，総合的な学習の節目には，須甲教諭の学習シートのように，子どもにシートを渡して，振り返らせることもあります。ただし，評価シートには，あまり細かな項目を立てるより「いままでを振り返って」とか「これからどうするか」というような簡単な項目にとどめることです。そうすれば，子どもは，教師の顔色をうかがうことなく，自らの学びを評価し，自学するようになります。

中間点や最終点で使う評価シートのような，教師によるフォーマルな評価だけでなく，もっと自己評価と他者評価を交えた「いつでもどこでも何でも」というインフォーマルな評価を多面的多角的にすることです。

実際，そこから本物の評価や学びにつながることが多くあります。私たちのポートフォリオ実践でも，教師の言葉より友達のひとことに心を動かされたり，保護者との交流で新しい学びを生み出すようなことが再三ありました。例えば，Ｎ男は，166頁に学習物を載せていますが，同じ班でおとなしいＴ男から厳しく注意されて，「今日から生まれ変わる」と付箋に書き，学習物に添付して班ポートフォリオを提出します。すると，班のほかのメンバーがそれを読んで，もう一度彼を認めようとします。

評価の基本は，学び手が自分の学びを**振り返りたいときに振り返り，次なる学びの手がかりを得ようとする**ことです。学び手自身による自己評価の手だてとして「いつでもどこでも何でも評価」するようにしてください。

工夫のしどころ⑧　「振り返りをつなげて学びをとらえる」

内藤義弘（鯖江中学校）

私の中学校では，社会科でポートフォリオを使っています。2年地理「日本と国際社会」の単元は，調べ学習中心に行いましたが，子どもに書かせた振り返りメモだけを集めて提出させました。

とくにＦ女の振り返りメモは，記述内容が豊富で，下に示すように，授業で知り得た事柄をよくうかがい知ることができます。（下線は筆者）

「今日は，インターネットで調べた。<u>サウジアラビアの人はラクダに乗ってベドウィンの生活はしていないと言っていた</u>」（3月3日）

「資料がたくさんあったので，全部目を通した。<u>サウジアラビアには石油しかないというイメージがあるけど，それは間違っているようだった</u>」（3月6日）

「<u>サウジアラビアの就学率が低い</u>というのは，これからの発展とか何か関係があると思います」（3月9日）

「今日は，いっぱい書いてまとめた。グラフとか作れなくて，残念だった」（3月22日）

これらの下線部に注目してみると，Ｆ女が「サウジアラビア＝石油」という漠然とした意識から徐々に変容している様子がわかります。

【4】ポートフォリオ導入のための授業

（1）子どもに対するポートフォリオの導入法

ポートフォリオを導入するための授業（5/1）は，37頁で紹介した「生活&学習アンケート」を行うことから始まりました。

そこには，調べ方や食習慣の項目のほかに，「ふるさと学習『おいしいカレーをつくろう』ではどんな力をつけたいですか」や「1年後，どんな力を身につけたいですか」という項目もあります。教師の知りたいことが項目に込められているということです。

> お米調べについてのふりかえり（日付，名前は必ず）
> ○がんばったこと
> ○アンケートで書いた「がんばりたいこと」
> 　と見比べてこれまでどのようだったか
> ○次にがんばりたいこと
> 　やりたいこと
> 　気をつけたいこと

約20分後，「お米調べの振り返り」の観点について左のように板書し，これ以外に「振り返りですから，いろんなことを自由に書いてもらっていいです」と断りつつ，「忘れないでほしいことは，『日付，名前は必ず』付けてください，一番上にね」といって，「(日付，名前は必ず)」と黄色のチョークで付け加えます。

そして，子ども1人に1枚の付箋紙（135×100mm）を配り，そこに振り返りを書くように指示します。その際に，一番前の子どものファイルを借りて，付箋紙を「貼ってから書いても，もちろんいいです」と言いながら，「この最後のページのここ（筆者注：学習物の空いた所）に貼るようにしてください」と例示しました。

このように，子どもには振り返りについて話して，見せて，やらせてみる必要があります。それでも，とまどう子どもがいます。そのような子どもに対しては，机間巡視をして，個別指導をします。そして，学級全体にも数回「日付と名前は必ず書くように」という注意を与えました。

30分を少しすぎたころ，「書けた人は，先生のところに持ってきなさい」と言って，一人一人の付箋紙をサッと見て，確認の印として○を書いて返却しました。

工夫のしどころ⑨　**「赤ペンよりも有効な方法は」**

松村聡（松岡小学校）

私は，振り返りメモに赤ペンを入れませんでした。というのは，学級の子ども全員（33名）の振り返りに毎回赤ペンを入れれば，大変な作業になるからです。それでは，絶対長続きしないと思いました。

むしろ何度も評価規準に照らして振り返らせることが大切だと思います。それによって評価規準の内面化が図られ，最終的に自分で的確に振り返ることができるようになっていきます。

アンケートには自分が伸ばしたい事柄を記していますし，学習物も多少集めて，振り返りもしています。ですから，これでいちおう，ポートフォリオとしての体裁は整いました。

松村教諭は，その後の評価規準設定までの授業においても，学級で一斉に振り返る時間を何度か設けました。いずれも前頁のような**振り返りの観点を示してから振り返らせ**，持ってこさせる手法をとりました。不十分な振り返りの子どもには，再提出を求めたり，振り返りが書けた子どもには，別のことを振り返るように指示しました。

（2）保護者に対するポートフォリオの導入法

授業時間が残り10分弱になったころ，「カレーづくり」で総合的な学習の焦点化を図ろうとしている様子を紹介した学級通信（5/1）を読み上げ，カレーづくりの話し合いについて場面を共有したり，「お母さんにカレーをつくる仕方を学んで下さい」と言ったりします。

それから，教師は，次頁の**図４**のような「おうちの人へのお願い」と題するプリントを配って一読した後，子どものポートフォリオを一つ借りて，「皆，ここに書いてもらったね。おうちの人はね，（筆者注：横に

平成１１年５月１日

保護者の方へ

「ふるさと学習ファイル」へのコメントについてのお願い

５年ろ組担任　松村　聡

日頃、学校教育にご理解とご協力を賜りまして、誠にありがとうございます。

さて、ただいま社会科で「米調べ」をしています。これは、ふるさと学習「おいしいカレーを作ろう」をテーマとして、一人一人がお米について課題や目当てを持ち調べたものです。まだ調べ活動の途中ですが、その調べている過程を綴じたものが、今日お子さんが持ち帰った「ふるさと学習ファイル」です。

調べ活動は、まだやり始めたばかりですので、なかなか思うようにはかどらない子、情報量の少ない子、目当てがはっきり決まらない子などさまざまです。そこで、お家の方のアドバイスをいただき、子どもたちの意欲をさらに喚起し、新たな視点に気づいたり、見通しを持てたりできるようにお願いしたいと思います。ぜひ、親子でお米やカレー、食生活などについて語っていただき、子どもたちの調べ活動が充実するようご協力ください。

〈お願い〉

＊ふるさと学習ファイルをご覧になって、以下の観点でコメントをお願いします。

・お子さんが書いた生活＆学習アンケートに対する助言
（今回の「ふるさと学習」で学んでほしいこと、身につけてほしい力、期待すること、願いなど）

・お子さんの調べた内容に対する助言
（「お母さんは、この問題でこんな事も知っているわよ」とか「こんな事はお父さんも始めて知ったよ」とか「ここはちょっと違うんじゃないの」「こんな経験があるよ」など。）

・お子さんの調べ方に対する助言
（「こんな資料を使って調べたの、すごいね」「こんな調べ方もあるんじゃないの」など）

・その他
（「ていねいに調べているね」などの励ましの一言を）

なお、こうしたコメントは、黄色い付箋紙に書いていただいて、お子さんのファイルに貼ってください。

図４　保護者にコメントをお願いする

付箋紙を置いて）ここに貼ってもらってください」と説明します。

そして，最後に，「おうちの人に書いてもらった人の名前と日付を書いてもらってください」と言ってから，一番前に保護者へのお願い，２番目に学級通信，３番目にアンケートを重ねてファイルするように指示して授業を終えました。

ちょっといい話

「目に見えてわかる子どもの成長」

須甲英樹（森目小学校）

第１学期の保護者との懇談会がありました。例年は，通知表を見ながら「お子さんは，こんな様子ですよ」と伝えるのですが，こちらの話に「嘘でしょう」とあまり納得のいかない顔をする人もおられます。そこで今回は，ポートフォリオを授業参観や保護者会に持ち込み，保護者との懇談に臨んでみました。

①　T男のお母さんのつぶやき

6年生のＴ男は，作文があまり得意ではありませんでした。そのことをお母さんも気にしておられ，「うちの子は作文が苦手だから」とかなり思い込んでおられるようでした。

しかし，ポートフォリオを使って学習していくなかで，やはり「書く」という作業が多くなり，自然とＴ男の作文力も上がってきました。私は，それを評価しお母さんに伝えたのですが，話だけではまだ信じられないという様子でした。

そこでポートフォリオを見せて，その中に綴られているＴ男の「書く」作業の一部始終を見せました。なかでも，学期末に書いた総合的な学習の（安藤注：本校では算数でもポートフォリオに取り組んでいます）感想をお母さんはじっと黙って読んでいました。

そして，ぽつりとひとこと。「ほんとうに上手に作文が書けるようになっているんやね」。そのときの顔はうれしさと安心感が混ざったような様子でした。お母さんもポートフォリオに残された事実を実際に見ることで，話だけでは伝わらなかったＴ男の成長の姿を実感したのだと思います。

②　H女のお母さんのつぶやき

Ｈ女（6年生）のお母さんは，市内の中学校で先生をしておられます。いつも授業参観は，おばあちゃんが来られるのですが，今回はお母さんが授業参観から懇談会まで参加されました。私もベテラン教師であるＨ女のお母さんに授業を見ていただくということで，少し緊張気味でした。

授業参観では，１学期の総

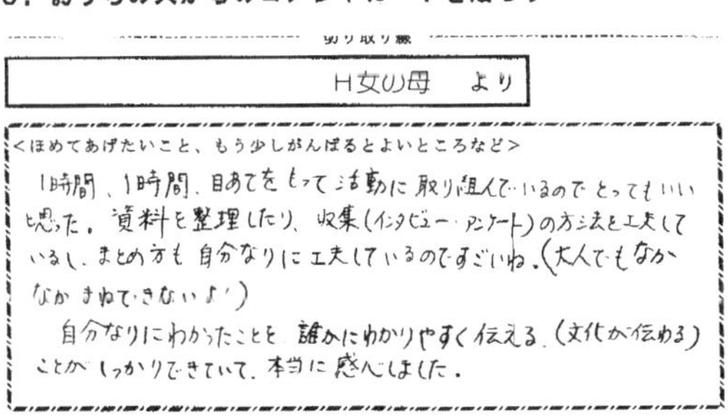
３．おうちの人からのコメントカードを貼ろう

切り取り線

Ｈ女の母　より

<ほめてあげたいこと、もう少しがんばるとよいところなど>

1時間、1時間、目あてをもって活動に取り組んでいるのでとってもいいと思った。資料を整理したり、収集（インタビュー・アンケート）の方法を工夫しているし、まとめ方も自分なりに工夫しているのですごいね。（大人でもなかなかまねできないよ）

自分なりにわかったことを誰かにわかりやすく伝える（文化が伝わる）ことがしっかりできていて、本当に感心しました。

合学習の振り返りをポートフォリオで行ったのですが，その授業中ずっと娘のポートフォリオを眺めていらっしゃいました。

そして，懇談会のとき，「うちの子のしていることは，中学生でもなかなかできませんね。あれだけいろんな資料を集めて整理したり，それを書き残したり…。感心しました」。

ポートフォリオに残された一つ一つの活動の足跡を見て，H女さんのお母さんに一生懸命に取り組んだことがわかっていただけたようでとてもうれしい気持ちになりました。

ポートフォリオを通して，普段の学びの姿が保護者の方にも伝わったエピソードです。前頁の下は，授業参観のときにお母さんがH女のポートフォリオを見てコメントしてくださったものです。

ところで，もしも保護者から有益な示唆が得られなかったといって，落胆してはいけません。多分，最初は，一部の教育熱心な保護者を除いて，ちょっと見て思った感想を付箋紙に書く程度のことが多いでしょう。

保護者と教師と子どもが話し合うというのは，これまでは問題を起こしたときや進学相談のような三者懇談会などに限られてきました。ですから，保護者にとって，子どもの普段の学びに対して何か意見を言うというのは初体験でしょうから，初めから大きな期待を抱かないことです。

しかし，ポートフォリオづくりも半年すぎると，保護者から子どもの学びをたどって，教師が思ってもみなかったような助言が示され，子どもが影響を受けるようになります。ポートフォリオによって保護者との連携を深めるには，時間を要しますが，成果は確実に上がっていきます。

なお，ポートフォリオは，アメリカでも私たちの研究グループでも教師の評判はよいのです

（　　）班のポートフォリオ改善

次の授業までに○印を改善すること

・古い順に並べる
・振り返りを入れる
（日付と個人名を付箋紙に書く）
・一覧できるようにする
（班で一括。1ページにファイルしない）
・重要な学習物がない（　　　　　　　　）

図５　初級のチェックポイント

が，「面倒である」ことが唯一の難点です。子ども用ポートフォリオをちょっと点検するにも時間がかかります。

そのような場合の対策として，私は，大学の授業（受講生115名）で19の班にポートフォリオを持たせて，**図5**のようなプリントを用意してチェックして返しました。少なくとも初級ポートフォリオのポイントを短時間でチェックするのに役立ちます。

また，神奈川県の谷口中学校で開発した次のような付箋紙を使った新聞も，子どもの学びの実態を把握するための助けとなるでしょう。

工夫のしどころ⑩　「ポストイット新聞をつくろう」

関口益友（谷口中学校）

谷口ドリーム学習

「ポストイット新聞をつくろう！」

ポストイット新聞とは，一人一人が書いた授業の感想や反省，発見や感動などを記入したポストイットカードをもとに，君達自身が作成する新聞です。多くの人の考え方や学習の進み具合を知ることができます。そこから，自分自身の学習を振り返ることができます。谷口ドリーム学習のツールとしてどんどん利用していってください。

■1．ポストイットってなーに?

付箋紙と一般にはいわれているもの。『ポストイット』または『ポストイットカード』は，住友3Mという会社で作っている製品の商標名です。谷口中学校では相模原市内にある住友3M相模原事業所からポストイットカードの支援を受けて生徒の皆さんに使っていただいておりますので，あえてポストイットという言葉を使わせていただいております。

■2．新聞には，どんないいことがあるの？

「多くの人の意見を聞くことは楽しい」（平成11年度生徒アンケートから）。友達が何を考えているのかを知ることは，とても楽しいですよね。

それは，読むことで友達の意見に接し「発見」や「驚き」があるからです。さらにいいことは，課題や，学習の進め方などに関して参考になります。

また，ポストイットに記入することで，自分自身を振り返ることもできます。

新聞をつくる担当になれば，その授業や皆の活動を振り返ることもできます。この振り返りが，自分自身の学習や考え方，心をさらに伸ばしていくことにつながります。

■3．どんな手順で新聞をつくっていくのですか？

(1) 授業終了時にポストイットを記入

感想や反省ということではなくて，授業に関することなら何でも書いてください。発見や感動，失敗，授業の進め方などが，書く内容として考えられますね。

※注意：自分の名前を必ず書いてください。また，印刷しますので，ボールペンなどで濃く書くようにしてください。

(2) ポストイットの提出

教卓などにポストイット新聞を貼り付ける紙を用意しておきます。授業終了後，その紙に貼ってください。

(3) 新聞を作成する担当者を決める

自分の予定等を考えて立候補してください。全員が1年間の間に必ず1回以上作成します。それを義務づけます。

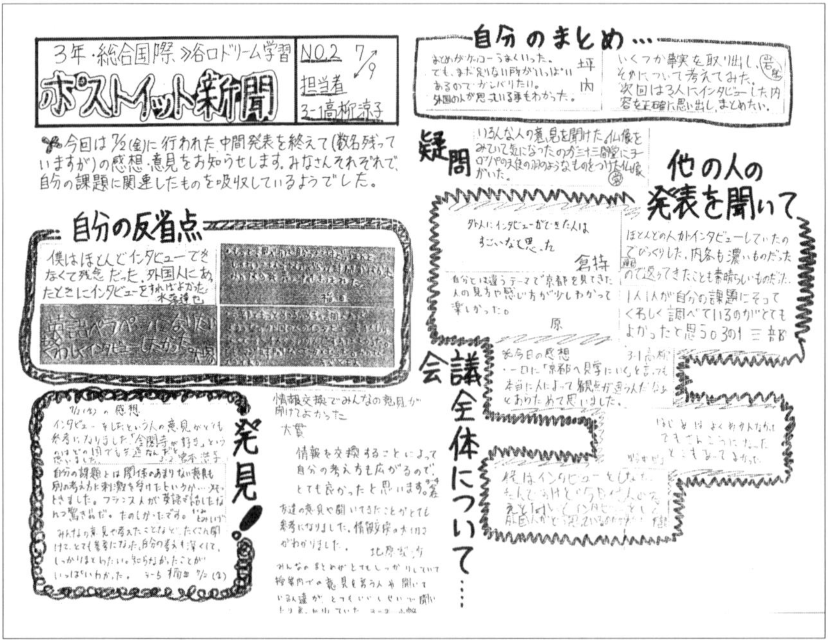
3年・総合国際≫谷口ドリーム学習
ポストイット新聞
NO.2 7/9
担当者
3-1高柳涼子

今回は7/2(金)に行われた中間発表を終えて(数名残っていますが)の感想・意見をお知らせします。みなさんそれぞれで、自分の課題に関連したものを吸収しているようでした。

自分の反省点

僕はほとんどインタビューできなくて残念だった。外国人にあったときにインタビューをすればよかった。

自分のまとめ…

まとめがケッコーうまくいった。でも、まだ足りない所がいっぱいあるのでガンバリたい。外国の人が思っている事もわかった。 坪内

いくつか事実を取り出し、それについて考えてみた。次回は3人にインタビューした内容を正確に思い出し、まとめたい。

疑問

いろんな人の意見を聞けた。仏像をみていて気になったのが三十三間堂に天使の羽のようなものをつけた仏像がいた。

他の人の発表を聞いて

外人にインタビューができた人はすごいなと思った 倉持

自分とは違うテーマで京都を見てきた人の見方や感じ方が少しわかって楽しかった。 原

ほとんどの人がインタビューしていたのでびっくりした。内容も濃いものだったので返ってきたことも素晴らしいものだった。

1人1人が自分の課題にそってくわしく調べているのがとてもよかったと思う。3の1 三部

会議全体について…

今日の感想
・一口に「京都へ見学にいく」と言っても本当に人によって観点が違うんだなぁとあらためて思いました。 3-1高柳

発見！

7/2(金)の感想
インタビューをしたという人の意見がとても参考になりました。「金閣寺が好き」というのはどの国でも共通なんだと思いました。 3-2

自分の課題とは関係のあまりない意見も別の考え方に刺激を受けたというか…発見できました。フランス人が英語を話したなんて驚きだ。たのしかったです。

みんなの意見や考えたことなどたくさん聞けて、とても参考になった。自分の考えも深くて、しっかりまとめたい。知らなかったことがいっぱいわかった。 3-5 7/2(金)

情報交換でみんなの意見が聞けてよかった 大貫

情報を交換することによって自分の考え方も広がるので、とても良かったと思います。

友達の意見や聞いてきたことがとても参考になりました。情報交換の大切さがわかりました。

みんなのまとめがとてもしっかりしていて授業内での意見を言う人や聞いている人達がとてもいいふんいきでやっていた。

〈新聞作成の注意〉

①ポストイット新聞という題字，発行日，作成者の名前を必ず書く。

②皆が書いたポストイットを，いくつかのグループ（自分の考えでどんな分け方をしてもいいです）に分けて線で囲み，小見出しをつける。

③囲みの間に→をつける。(流れがわかるようにするため)

④簡単なコメントをつける。

⑤レイアウト，カット（絵）など自由に書いてけっこうです。

⑥次の授業前に必ず担当の先生のところへ提出してください。印刷が間に合うように。

■4. つくった後で，どのようにするのですか？

(1) ポストイット新聞を配布する

授業の最初にポストイット新聞を配布します。読むことで，前時の授業を振り返ることができます。その中から感じ取れたさまざまな内容をもとにして，今日の授業を考えていくこともできます。

(2) 作成者からのコメントを発表する

作成者から感想やコメントをひとこと発表してもらいます。ここで，例えば活動が前時に不活発だったということがわかれば，どうしてかと考えてみましょう。皆で考えることで，自分たちのなかで解決することができるのではないでしょうか。

(3) ポートフォリオに綴じ込み，自己評価に生かす

ポートフォリオファイルに必ず綴じ込んでいきましょう。そうすれば活動の区切り，まとまりでの自己評価のときに使うことができます。その時々の自分を振り返ることもできますし，学習の流れのなかで自分の意識がどう変わったかをつかむことができます。そうすると自分が成長した部分も明らかになると思います。

注

(1)森目小学校『平成12年度研究紀要』2000年７月，８頁。

(2)Wiggins, G. *The Vision and the Tools*, The Center on Learning, Assessment, and School Structure, 1997. p.186.

(3)安彦忠彦『自己評価』図書文化社，1987年，211頁。

第5章

ポートフォリオ経験者向け講座

【事例１】（6／18）

子どもたちは，料理学校直営のレストランで作ってもらった本場もののインドカレーを食べた後，感想を書いています。男の子が教師のもとに歩み寄り，「どのように書くのですか」と尋ねたので，教師は，「食べた後の感想を書いて下さい。ここに書くの。いいですか。」と言いました。

【事例2】（7／6）

教師は，子どもの振り返りメモに○をつけて確認した後，班ごとにカレーを試作する計画を立てるように指示します。班を見て回るうちに，ある班の話し合いの様子を見て，「それどこにあるの。買ってくるのは600グラムぐらい。ほかに必要なものは何。それでいいの。」と問いかけます。

【事例１】は，松岡小学校の新任の教諭，**【事例２】**は，中堅の松村聡教諭と子どものやりとりです。この２つの実践はどこが違うのでしょうか。違いを見いだす鍵は，６月24日にカレーの**評価の観点と規準を子どもと一緒に設定した**ということです。子どもの振り返り（Ｔ女）を比べてみましょう。

【事例１】の振り返り
「今でもヒリヒリしている。（略）学校給食のカレーとの違いもよ～く考えてみようと思った。でも，きっと学校のカレーのほうがあまいと思う。もっともっとたくさんのカレーを調べてみたいな」と書いています。

【事例２】の振り返り
「プロジェクトを書いたり，考えたりするのが，面白かった。ちょっとチーム全員がふざけることもあったから，まじめにやろう！」と反省した後，ほかの班の活動は「国産のものを使うとか，有きさいばいのものを使うとかが多かった」ので学びたいと記して，食材の安全性の評価規準を意識しています。

２つの事例では，振り返りのレベルが違います。中級レベルになると，子どもたちは，【事例２】のような目的意識的な振り返りができるようになります。中級レベルに到達するかどうかということが，子どもが自らの学びを評価して自学するための胸突き八丁であるように思います。

1　中級レベルの理論と実践

ポートフォリオに多少慣れてきたなら，次は中級レベルに挑戦しましょう。中級は，初級レベルの①目的の明確化，②学習物の収集，③不断の評価に，④規準をつくって学習物を選ぶと⑦発表して感想を聞くを加えたものです。⑦は，学びのまとめだけでなく学びの評価の場でもあると発想を変えればよいのですが，④の「評価の規準」を設けて生かすことは少しむずかしいかもしれません。

中級レベルの流れと留意事項

【1】評価規準をつくって学習物を選ぶ

学びの最終的なイメージを教師と子どもが共有する。評価の観点と規準も一緒に考える。

(1) 学習物を振り返って，よい学習物からポイントをリストアップする。

(2) その後の学習で，リストを充実させていく。

(3) 教師は，評価観点と規準を意識した学びを支援する。

【2】発表して感想を聞く

発表会の目的と対象を明確に。お世話になった方への配慮を忘れない。

(1) 評価の観点と規準を共有して，中間発表会を行い，学びを振り返る。

(2) 最終発表会は，成果を祝い合う。

【1】評価規準をつくって学習物を選ぶ

総合的な学習では，学びの最終的なイメージを教師も子どもも共有します。デザイン段階で何を評価するのかということも考えます。子どもと一緒に学び方や内容の評価の観点と規準をつくります。だから，ほかの子どもの学びをまねることを大いに推奨します。これらの点がペーパーテストとの大きな違いです。

ポートフォリオで振り返りの際に，いわゆるできる子どもに多いのですが，たくさんの振り返りメモを書いても，建前に終わって，いつまでたっても自己省察につながらないということがあります。実際の作品や発表に生かされていません。それは，教師の覚えをよくするために書いているにすぎないからです。74頁に紹介したＮ女のように，評価の観点や規準を内面化していないからです。

評価といえばテストであり，採点するのは教師であって，評価は他者評価と考えられがちです。しかし，評価は本来，学び手が評価したいときに評価する事柄を自ら評価する“自己評価”が基本です。ポートフォリオは，下図に示すように，自己評価を高めるための機能を備えています。

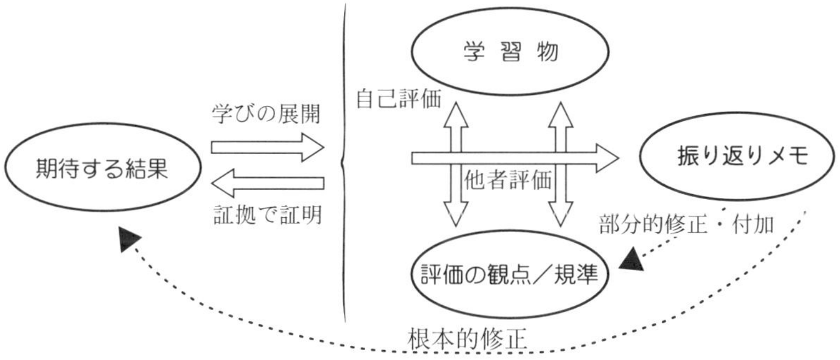

図１　自己評価の過程

例えば，「究極のカレーをつくろう」は，「期待する結果」ですが，学びの展開過程で，学習物が蓄積され，学び方や究極のカレーの内容を評価する観点・規準を子どもと一緒に設定します。子どもは，自分の学びを規準に照らして評価したり，級友，教師，親，地域講師などの他者評価の振り返りメモも集めます。

通常は，振り返りから評価の観点や規準の修正・付加となり，最終的には，かいた（書くと描く）ものやつくったものと振り返りなどの学習物等を重ねて証明します。しかし，ときには，振り返りから「期待する結果」の根本的な見直しを迫られることもあるかもしれません。

【メタ認知　meta-cognition】
自分のこれまでの認知過程と所産を振り返って，その是非を問いかけ，認知の調整や調和をさせる活動です。“思考についての思考”とも呼ばれます。

自己評価といえば，“思考についての思考”とされる**メタ認知**ということになりますが，ポートフォリオを使えば，子どもは，学びの過程で生まれた学習物を評価規準に照らして振り返り，新たな学びを見いだすという評価と学びの連動ができるということです。

評価規準のつくり方として，プロジェクト・ゼロは，(1) 学習物を振り返って，**よい学習物から鍵となるポイントを拾い出してリストアップ**して教室に掲示し，(2) **以後の学習でそのリストを充実していく方法**をとっていますが[1]，私たちも同様の方法を採用しています。

総合的な学習における評価の観点と規準には，学び方と内容の２種類があります。しかし，どちらも設定方法は基本的に同じです。違うのは，学び方の評価の観点は，総合的な学びのモデルにおける観点を使えますが，内容評価の観点は，国際理解と環境問題とは同一に考えられないように，領域によって変わってくるということです。

なお，学び方の評価の観点と規準を設定・共有した後，内容評価の観点・規準の設定をするほうが学びの流れに即した展開になります。

【2】発表して感想を聞く

総合的な学習は，劇やオペレッタで表現したり，展示会を催したり，報告書をつくったりして終わるというのが通り相場です。だから，“お祭り総合学習”と揶揄《やゆ》される向きもあります。

しかし，子どもと教師が評価の観点・規準を共有しながら，そして，中間発表会を経たうえでの展示会や報告書をつくるならば，きっと学びの質も高まっていることでしょう。発表の際に，ポートフォリオでこれまでの学びの歩みを抜粋して示せば，部外者にも学ぶ意味や伸びがよく伝わります。そうすれば，総合的な学習の最後は，「よくここまで学んだね」とお祝いをする会となるはずです。

ただし，総合的な学習を終えるにあたっては，次のような点に留意してください。

(1) 総合的な学習でお世話になった人には，発表会の招待状を出したり，報告書をお渡しすることです。総合的な学習では，地域の人にお世話になったり，インターネットで遠くの人から助けてもらったりするこ

工夫のしどころ⑪　「評価の観点よりアイテムを」

礒田敬二（森目小学校）

生活科を軸にした「命って大切」という総合的な学習の実践において，安藤先生と協働で評価規準をつくりました。そのときのお話をします。

小学2年生の子どもたちは，ポートフォリオに収められた学習物を見て，よかったことを付箋紙に書いて貼っていく。この振り返りから評価規準がつくれるのではないかと思いました。

例えば，調べ活動の発表会で，「自分で本を買って，それを利用して詳しく書いたのでよかったです」とか「ぼくは，インターネットを使ったよ」とか「私は，皆にわかりやすい文を工夫したよ」ということを発表しました。このような発表をまとめて，これから振り返るときの評価の項目をつくっていきました。

そうすると，「調べる」「表現」「実際にやってみる」などの評価の観点にまとめられ，やる気という心の面，つまり，関心・意欲・態度の面を付け加えて，下のような項目を子どもと一緒につくりました。

そして，この項目に名前をつけようということになり，ゲームの好きな子どもから「アイテム！」という意見が出されました。

これは，武器や道具を意味し，ゲームの中のキャラクターがそれを集めて強くなっていくもので，「ちょうどいい，これを集めて，学習の力をつけよう」と話し合って，“学習アイテム”と名づけました。

がんばりアイテム（いよくアイテム）	自分のたんじょうについて，いよくをもっていっしょうけんめいしらべましたか？
しらべ方アイテム	しらべ方を自分で考え工夫しましたか？　工夫したことをみんなにじしんをもって言えますか？
まとめ方アイテム	しらべたことをまとめるとき，みんなにわかるように工夫して書きましたか？　どんな工夫かみんなにじしんをもって言えますか？
発見アイテム	かつどう（しらべたり，まとめたり）して，あたらしいことに気づいたり，わかったり，考えたり，思ったりしたことがありますか？
じっせんアイテム	かつどうで学んだことを生かして，自分で何かじっせんしてみたことや生かしたことがありますか？
ともだちアイテム	ともだちときょうりょくしてかつどうしたり，ともだちの考えやいけんをしっかり聞き，それを生かしましたか？

ともあります。そのような人々の支援のおかげで中間的または最終的な発表会や報告書にこぎつけたのです。

これらの人々は，総合的な学習の関係者 (stake holders) です。したがって，何を学んだのかという成果を関係者にもお知らせしなければなりません。でないと，さらに総合的な学習を深めたり，ほかの学年で同じ課題で取り組むときの力強い支援も望めません。実際，子どもたちにとっては，これら外部の人からの評価がとても貴重で心に響くようです。

(2) 何の目的で，だれを対象とした発表であるのかを決めておくことです。例えば，中間発表会ならば，発表相手を学級内にとどめるかもしれません。最終発表会であったとしても，学校と地域や保護者との連携を図るためか，子ども同士の交流を促すためか，そうならば学級や学年や他学年のどのレベルまでを考えているのかということによって，発表会や報告書づくりのあり方も変わってきます。

そして，発表会に参加したり，報告書を読んだりした人には**必ず感想用紙を渡して，コメントをもらう**ようにしてください。発表して終わりではありません。子ども同士の相互評価や外部の人々による評価をしていただき，**その評価情報をフィードバックする**ための時間的余裕を十分にみておく必要があります。

【3】学びを支援する方法

評価規準の設定前後では，教師の子どもに対する接し方も変わってきます。例えば，本章の冒頭に示した授業場面を思い起こしてください。

教師は，**【事例 1】**では「感想を書いてください」というだけでしたが，**【事例 2】**では「ほかに必要なものは何。それだけでいいの」と尋ねています。というのは，「究極のカレーづくり」の評価の観点や規準が頭に浮かんでいるからです。ポートフォリオに収められた子どもの学習物を見ているからです。

これは，外部の者がそのときだけ参観してわかるものではありません。

【コーチング　coaching】
特定のゴールをイメージしながら，学び手のパフォーマンスを見て長短所を見きわめ，改善策にそって再びパフォーマンスさせ，その効果を確かめる指導法。これは，学び手にパフォーマンスと振り返りを繰り返させつつ，最後は学び手自身にも結果責任を委ねる方法で，スポーツのコーチや企業の研修担当者や学校の教師が用いています。とくにゴールとなる最終結果と評価規準をコーチと学び手の間で共有すると，その効果が大きくなります。

子どもたちによる一連の学びの文脈を踏まえなければ，その意味合いを読み取れません。長期的かつ多面的多角的に見取って初めて見えてくる世界です。

総合的な学習における教師の仕事は，スポーツにおけるコーチの行動，つまり，**“コーチング”**に似ているように思います。もちろん，コーチングは，**【事例１】**に示すようなポートフォリオ初級レベルでもすでに行われています。例えば，89頁で福井大学附属中学校の学年プロジェクトの構想図を紹介しましたが，そこでの展開の仕方は，(1)説明と示範，(2)学びの振り返り，(3)進歩の批評，(4)再実行の計画，というサイクルを繰り返す初心者向けのコーチングと似ています[2]。

ポートフォリオの初級レベルでは，教師は理想的なパフォーマンスをイメージしていますが，子どもは何を期待されているのかということがはっきりしていません。評価の観点や規準が設定されていないからです。

しかし，中級レベルのポートフォリオになれば，コーチングは，もっと効果を発揮するように思います。スポーツではチームや勝敗の目標だけでなく個人目標やプレー目標も設定しているように，総合的な学習でも最終的な学習結果のゴールだけでなく，評価の観点や規準のどれかを自分自身のめあてとして学びを進めています。

教師が子どもの学びに対して**適切なコーチングをするための条件**を示しておきましょう。

(1) **子どもが何を求めているか**という点に重きを置くこと。例えば，班の人数分のカレーをつくるとして，子どもたちは，どの食材をどれだけ買えばよいかわかりませんが，「これくらいかな」と見当をつけたのが600グラムでした。教師は，そこをもう一度チェックするようにという願いを込めて，ブタ肉を「買ってくるのは600ぐらい」と言ったのです。子どもの注意を喚起しようとしているのです。

(2) 子どもにとって**今改善すべき点は何かを見きわめて，的を絞った支援を行う**こと。その際には，どのような学びの結果をもたらすかということも考慮すべきです。「究極のカレーをつくろう」の実践では，教師は，評価の観点と規準を念頭に置いていました。とくに**【事例２】**では，放課後に班ごとにスーパーに食材を買いに行く予定だったので，観点「食材の安全性」の中の評価規準を満たしているかどうかということが決め手となっていました。

(3) 子どもの学びの進行状況を見て，タイムリーなコーチングをすること。子どもたちは，学びが袋小路に陥ったり，同じ間違いを繰り返して，助けを求めるとします。そのようなときを見計らって，コーチングします。とはいえ，いつも子どもから助けてほしいというサインが送られるとは限りません。したがって，問題づくりや調べ学習を終えた後のような**学びの節目にポートフォリオを提出させる**ようにすると，そのようなつまずきの早期発見に役立ちます。

(4) 選手はコーチの言葉だけでなく手本も見て改善点がわかるように，総合的な学習における教師も**手本としてのモデリング**を使うこと。総合的な学習の先進校では，上の学年の子どもの発表会や報告書を下の学年の子どもたちが見ています。だから，次に自分たちが同じような課題に取り組むときにも比較的スムーズに学びを展開することができるのです。これがモデリングです。

なお，モデリングを使う際には，見るべきポイントを指示しなければなりませんが，多用しすぎると視覚情報に頼りすぎて外面だけを模倣しがちになるので，モデリングの乱用は避けてください(3)。

(5) コーチングの前提として，教師が子どもから信頼されなければならないこと。ときには，俯瞰的に学級全体を眺めながら，特定の子ど

工夫のしどころ⑫　「良い学習物は知らせる」

須甲英樹（森目小学校）

子どもにとって友達は，よきライバルです。身近な友達がよい学習をしていたり，ほめられたりしていると，「自分もあのようにしたいなあ」と強く思うことが多いでしょう。そうした心理を巧みに利用し，ポートフォリオからよい調べ方や発想，皆の思いなどを積極的に紹介するようにしています。

その紹介の仕方をお話しします。

① 学習アイテムの近くによい事例を貼る

学習アイテム（安藤注・「評価の観点」のこと）は，子どもたちのめあて。そのめあての達成のための足がかりとなるように，手本となるよい学習物を教師が選んで貼るようにしています。その際に，コメントもつけて，この学習物のどこがよいのかということも説明します。モデリングを使うということです。

しかし，同じ学習物をずっと貼りっぱなしでは，子どもの関心もやがて失われてしまいますから，頻繁に貼り変えるように工夫します。四つ切り画用紙の台紙に2～3枚，よい学習物を貼ったら，次の台紙に交換し，新しい情報を発信するようにします。そうしてためた台紙を後からまとめると，立派なベスト・ワーク・ポートフォリオです。

② 先生からのコメントも皆と共有する

適宜，全児童の考えや思いをワープロにまとめて，プリントにして渡します。子どもに対する手書きのコメントも添えておきます。そこでは，肯定的な言葉を多くしますが，ときには疑問など突っ込んだコメントも載せます。

このようなプリントによって，ほかの子どもの考えを知ることで，自分の考えも深まることを願っています。

③ ポートフォリオはオープンに

ポートフォリオは，本来，個人の持ち物ですが，それではすばらしい学習物も振り返りもその子どもだけのものになってしまいます。

ですから，ポートフォリオの公開をするように子どもたちに協力してもらっています。本校の職員室横の廊下には，過去3年間のポートフォリオを並べた「ポートフォリオ・ライブラリー」があります。

先日も調べ活動のとき，自分の学級が過去に行った調べ活動のやり方を参考にしようと，ポートフォリオをのぞく子どもがいました。

もの学びをじっくり観察し，“是認は多めに，否認は少なめに”しましょう。先に悪い学びを指摘するのでなく，**子どものよい学びを前面に出して認め，それから改善点を指摘する**という気配りが必要です。学習物に対する評価も教師が一方的にするのではなく，**子どもと一緒に話し合いながら決める合意に基づく評価法**を採用したほうがよいでしょう。

要するに，子どもと一緒に評価の観点と規準をつくり，それを子どもが内面化できるかどうかということがポイントです。しかし，学びの進み具合によっては，予想外の評価の観点や規準が生まれることもあるでしょう。そのような場合に備えて，**評価の観点として「その他」**も認めるようにしてください。

【4】子どもと評価規準を共有する授業

（1）学び方の評価の観点と規準の設定法

(1)事前準備で評価規準を見通す

「究極のカレーをつくろう」における「お米調べ発表会」(5／15）は，学びの方向性はある程度定まってきたものの，子どもたちの学び方は，まだよちよち歩きの状態でした。

松村教諭は，子どもたちに発表会を振り返って，今後のめあてを立ててもらおうと思い，「ふるさと学習アンケート」を実施しました。

アンケートの質問項目

1．発表会はどうでしたか。発表会について，自分の一人調べの仕方や内容，グループでの準備，発表の仕方などについて振り返ってみましょう。
2．自分の「ふるさと学習ファイル」を振り返って，これからどんなめあてをもって学習していけばいいのか考えましょう。

アンケート結果をみると，おおよそ①意欲，②問題発見，③調べ方，④まとめ方・発表の仕方，⑤実践，⑥グループ，に関するものに分類できるように思われます。以下は，学級全員（33名）がアンケートに書いためあてと，該当する分類項目①～⑥を対応させたものです。

子どもたちの書いた「めあて」

③きちんと調べてからまとめて書く。
③資料や教科書などで調べる。
③野菜やカレーの具を調べて学習する力を上げたい。
①③はえぬきや野菜のことについてもっと詳しく学習していきたい。インタビューにがんばりたい。
①③カレーの材料をたくさんすすんで調べて，とてもおいしいカレーをつくりたい。
③⑤いろんなことに挑戦し，詳しく調べたい。
④なんでも質問に答えられるようにしたい。
③⑥よいところをまねる。自分で調べることができるようにもっとがんばりたい。文だけじゃなくって絵で表すこともしたい。
③本を見たりして詳しくカレーについて調べたい。
③たくさん調べる。そして問題をとく。
④あんまり発表できなかったので，たくさん発表したい。
①もっと詳しく学習していくために，追究してもっと勉強していきたい。
①おいしい米と野菜を自分で見つけたい。
③追究して作り方や特徴を調べたい。
④まとめるときは字をはやくきれいに書く。
③どんなスパイスを使っているのかを聞いてどうしたらいいか決める。
①あきらめずに最後までやりとげたい。
③④もっといろんなことを調べてわかりやすくまとめたい。
④人が見てもどんな内容かわかるように工夫したい。
③資料とかお母さんに聞いて隠し味なんかも勉強したい。
①④しっかり最後まで追究していきたい。きれいにわかりやすく説明したり書いたりしていきたい。
④もっといろいろメモして自分のノートをつくりたい。たくさん調べて先生をびっくりさせたい。
①もっと追究することをめあてにがんばる。
③細かいところからもっと細かく調べたい。
②問題を発見して追究し解決したい。

⑤いろんなことに挑戦したい。
①自分でおいしい野菜を見つける。
④まとめることと集中する力をつけたい。
①④一生けんめいあきらめずにやる。全部の質問に答えられるようにがんばる。
③成分のバランス，隠し味をもっと追究したい。
①最後までがんばりいろんなことを知りたい。いろいろ調べたい。
④調べたことをまとめていく。追究して解決する力もつけたい。

工夫のしどころ⑬　「協力アイテムのパワー」

松村聡（松岡小学校）

「協力アイテム」のおかげで大きく変容したのは，C女でした。彼女は，友達と上手に交わることが得意ではなく，グループ活動で何度となくトラブルを起こしていました。

5月1日のアンケートでは，「がんばりたいこと」として「とちゅうであきらめたりせず，完ぺきにしたい」と答えていたのですが，7月19日のアンケートでは「2がっきでは協力アイテムでがんばりたい」と大きくめあてを変えました。

その変更理由を尋ねると，「1学期のまとめのときにケンカをしたので，それを直すためにこのアイテムをめあてにした」(9/3) と答えました。それ以後，C女は，友達との接し方，言葉なども大きく変容し，トラブルを起こさないようになりました。友達も増えました。

(2)発表会で学びを振り返らせて評価観点・規準を設定する

学び方の評価の観点・規準を設定するには，子どもが発表した後，自分たちの学びを振り返らせる必要があります。発表会では，自分たちの発表に対する質問や感想が寄せられました。ほかの子どもの発表を聞いて，「まねしよう」というようなこともあります。教師は，そのような事柄を書かせておくと，ある程度の見通しをもって評価の観点と規準を導入する授業に臨むことができます。

5月19日の授業では，教師は，子どもたちにめあてを発表させて黒板に分類していきました。そして，子どもたちは，めあての分類を見て，次のような評価の観点を設定し，それぞれの観点内のめあてを評価規準としました。119頁の礒田先生の実践とほとんど同じ規準になっていることに注目してください。

①ヒットポイント（意欲）　　②発見アイテム（問題発見）
③調べ方アイテム　　④発表・まとめ方アイテム
⑤挑戦アイテム（実践）　　⑥協力アイテム（グループ）

括弧内の用語は，教師が事前に考えていた言葉ですが，子どもたちの言葉で適切と思われた場合には，その表現を採用しました。もちろん，教師は，すべて子どもまかせにしたのではありません。事前アンケートの「調べ方」の中に「出典を書く」がなかったので，それを子どもの了解を得て評価規準に付け加えました。

これらのアイテムは，総合的な学習における学びのモデルのなかで，②は「❺複眼で見る」，③は「❶知る（調べる）」，④は「❷知っている

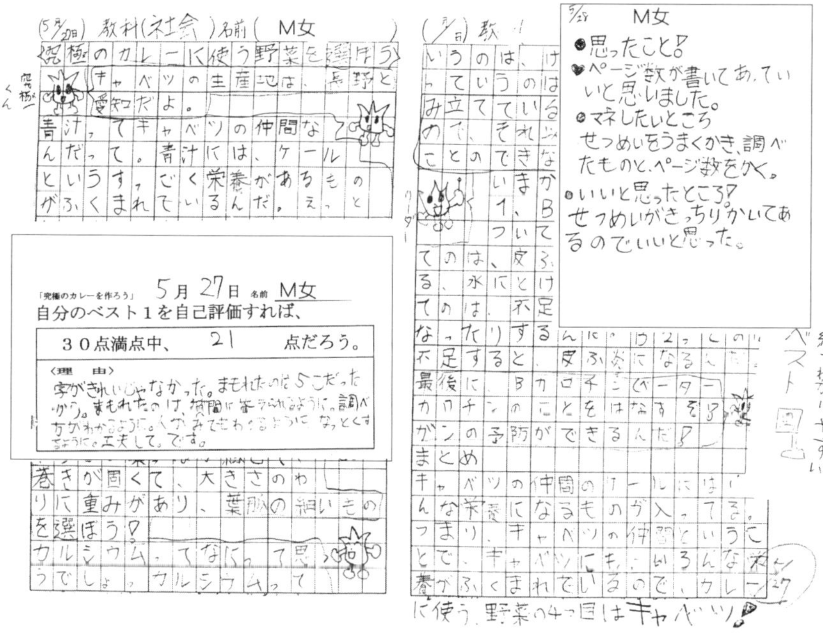

図２　M女が選んだ自分の学習物ベスト１

(まとめる)」，⑤は「❸やってみる（体験する)」，⑥は「❹なってみる(発表，協力，共感)」にほぼ対応しているように思います。①は「❻振り返り」の原動力になるものです。総合的な学習の学び方の観点は，このような形でほぼ一般化できるように思います。

(3)学習物のベスト１を選ぶ過程で評価規準を使い，評価規準を共有する

他の班の中でベスト１とベスト２を選べば、

学級ベスト１は、　　　　班です。

〈理　由〉

------------------------------ 切り取り ------------------------------

学級ベスト２は、　　　　班です。

〈理　由〉

「究極のカレーを作ろう」　月　日　　班

自分の班のベスト１を自己評価すれば、

３０点満点中、　　　　点だろう。

〈理　由〉

図３　学級ベスト１・ベスト２を選ぶ

そして，学び方の評価規準を共有する授業（5/27，28）では，ポートフォリオにある学習物のうち**自己ベスト１（図２）**を選んだ後，**班ベスト１**を決め，それを学級全体に発表して，自班以外から**学級ベスト１**を選ばせました。その際に用いたのが左の評価表です。ベスト１は３点，ベスト２は１点を与えて計算しています。このように子どもたちは，個人，班，学級と３回の学習物ベスト1の**選択過程で学び方の評価規準を使い**，自班と他班による評価の得点差を比べながら，**他班の学習物のよい点に学び**，自班の甘さに気づくきっかけとしました。

さて，学び方の**評価観点と規準を設定する前後では，子どもはどのように変容したのでしょうか。**

【設定前】例えば，忘れ物が多くて，継続する力が不足しがちなＭ女は，次のように自己評価しながら，学び方を身につけていきました。Ｍ女は，「究極のカレーをつくろう」をゴールに総合的な学習を進めてきましたが，５月初め，「次にがんばりたいこと」として「もっとよく調べて何ページも何ページも調べたことを書く」と書きました。その気持ちは，２週間後でも継続していましたが，メモをとる以外にどんな調べ方も行っていませんでした。

【設定後】ところが，**図2**に示すように，学級全体で学び方の評価の観点と規準を決めた5月末，M女は，自分のベスト1の学習物を30点満点中21点と自己評価して，「字がきれいじゃなかった。まもれたのは5こだったから。まもれたのは質問に答えられるように。調べ方がわかるように。人が見てもわかるように。なっとくするように。工夫して。です。」と「発表・まとめ方」の評価規準を使って理由づけました。

このように，子どもは，学び方の評価の観点・規準を内面化することによって，自らの学びを評価し，次なるめあてを立てて学びを進めようとします。

ところで，2学期から始まった環境リサーチにおいても，子どもたちは，これらの学び方アイテムを意識して学びを展開します。しかも，それぞれのアイテムに含まれる評価規準を精緻にしています。例えば，まとめ方アイテムは，発表アイテムと分離させて，下のようになりました。

まとめ方アイテム	
「カレーづくり」 →	「環境リサーチ」
o人が見てもわかるように o文字だけでなく絵でも表す o字を早く丁寧に書く o調べ方がわかるように書く o工夫してまとめる	o地図を使ってパンフレット型で o写真を使って証拠がわかるように o図やグラフを使って o矢印や記号を使って oマジックや色分けで見やすいように o一つ一つの「？」に分けて o人に聞いたこと，見たこと，インタビューしたことすべてを振り返ってまとめる

そして，子どもたちは，めあてとする評価規準をマスターしたら，次の評価規準を満たそうと努力し，だんだん力を蓄えていこうとします。それは，まるで子どもがファミコンのアイテムを一つずつ獲得して，パワーアップしていく様子そのものです。

工夫のしどころ⑭　「仕方は指導する」

松村聡（松岡小学校）

アイテムにあるめあては，教師側から指導するよりむしろ子どもの学習物やほかの子どもの様子に着目させて学ばせています。

しかし，電話の仕方，インタビューの仕方，メモのとり方，カメラの使い方のような“仕方”に対しては，教師がきちっと1時間かけるぐらいの気持ちで事前に指導したほうがよいと思います。

例えば，環境リサーチでの地域の問題調べでは，次のようなプリントを子どもに持たせていました。たしかに，このような仕方の指導はします。インタビューの仕方でも，教師側から左下の段階を事細かに一方的に示すのではなく，「明日は，インタビューするけど，どんなふうにするかな」って，そこで子どもに必要感をもたせたうえで，具体的にどうするのかという指導をしています。

たんけんマニュアル　（　　　　　）

電話のかけ方

※電話で相手のつごうを聞きましょう。
・きんちょうすると早口になってしまいます。ゆっくり話すようにしましょう。

もしもし　○○さんですか。	………相手を確かめます。
わたしは、松岡小学校　年生の○○というものです。	………自分の名前をはっきり言います。
わたしは、○○について学習をしています。	………何について知りたいのかはっきり伝えます。
○○について、教えていただきたいのですが、よろしいでしょうか。○月○日○時にうかがいます。	………相手のつごうを確かめます。
よろしくおねがいします。ありがとうございました。	………お礼をきちんと言います。

インタビューの仕方

※さあインタビューをはじめよう。
・インタビューする時には、相手の目を見てしっかり行いましょう。
・大事だと思ったことは、メモをしておきましょう。
・「あなたはどう思いますか。」と逆に聞かれる時があります。聞かれた時に、自分の意見を言えるようにしておきましょう。
・分からない言葉があったら、はずかしがらずに聞きましょう。

こんにちは	………あいさつをします。
わたしは、松岡小学校　年○組の○○○○といいます。	………学校名・学年・組・名前をはっきり言います。
今、○○の学習で○○のことについて調べています。	………何のためにインタビューをするのか目的を話します。
いくつか聞きたいことがあるのですが、今よろしいでしょうか。	………相手のつごうを聞きます。
・質問することを話す。	………順序よく質問をします。
ありがとうございました。	………お礼をきちんと言います。

しかし，調べ方アイテムの中の評価規準，つまり，めあてとしてある「実際に実験したり，調べたりしてはっきりと証拠を出す」は，仕方ではないので，指導していません。まとめ方アイテムの中の「地図を使ってパンフレット型で」も指導していません。子どもたちは，パンフレットを見ていますから。

次の「図やグラフを使って」は，社会科の資料集などがありますので，「こんなふうにまとめるといいね」という程度の話をする程度です。グラフの作り方は算数ですでに習ってしまっていることです。

まとめ方アイテムの「一つ一つの？に分けて」となると，「ああ，この班のものはちゃんと答えが書いてあるね」ってモデリングの手法を使って，学級全体に広めるようなことはしました。

工夫のしどころ⑮　**「消化不良を起こさないように」**

礒田敬二（森目小学校）

「発表するにはどんなことが大事か」ということを子どもに尋ねて，短冊に書かせると，あいさつ，聞いてわかりやすい，声の大きさ，明るく元気に，というようなことが出てきます。その辺は，教師側から出すのではなくて，子どもと一緒につくっていくと，子どもの意識が違います。教師が初めから全部の手順を考えておくと，細かすぎて，子どもたちは消化不良を起こしてしまいます。

●教育課程審議会答申で例示された観点との対応は

ところで，2000年12月に出された教育課程審議会「答申」では，次のような総合的な学習の観点を例示しています。ただし，(a)～(k)は，筆者が付け加えたものです。

「観点」については，各学校において，指導の目標や内容に基づいて定めることになるが，例えば，学習指導要領に定められた「総合的な学習の時間」のねらいを踏まえ，(a)「課題設定の能力」(b)「問題解決の能力」(c)「学び方，ものの考え方」(d)「学習への主体的，創造的な態度」(e)「自己の生き方」というような観点を定めたり，教科との関連を明確にして，(f)「学習活動への関心・意欲・態度」(g)「総合的な思考・判断」(h)「学習活動にかかわる技能・表現」(i)「知識を応用し総合する能力」などの観点を定めたり，あるいは，各学校の定める目標，内容に基づき，例えば，(j)「コミュニケーション能力」(k)「情報活用能力」などの観点を定めたりすることなどが考えられる。

これらの観点は，例示であって，すべてを網羅しなければならないわけではありません。実際，そのようなことは不可能なように思われます。例えば，(b)「問題解決の能力」は，(g)「総合的な思考・判断」や(i)「知識を応用し総合する能力」を含むという考え方もあって，互いに重複したり包含する観点もあります。したがって，私たちは，総合的な学習の学びのモデルを手がかりに，これらの能力をとらえるというアプローチをとっています。また，たとえ教師であっても，子どもの(e)「自己の生き方」までは評価できない，という主張も根強くあります。それで，私たちは，子ども自身による自己評価という側面を強調してきました。

本書で紹介してきた総合的な学習の実践で用いた評価の観点は，どちらかといえば(a)～(e)の観点に近いものです。とはいえ，ほかの観点も関連づけてよいようなものもあります。それらを対応させると，次のようになります。

総合的な学習における学びのモデルの要素	実践で子どもと一緒につくった観点の名前	教育課程審議会が例示している観点
❶知る	調べ方アイテム	(c)学び方，ものの考え方，(k)情報活用能力
❷知っている	まとめ方アイテム	(c)学び方，ものの考え方，(h)学習活動にかかわる技能・表現，(k)情報活用能力
❸やってみる	挑戦アイテム 実践アイテム	(g)総合的な思考・判断 (i)知識を応用し総合する能力
❹なってみる	発表アイテム・表現アイテム・協力アイテム・友だちアイテム	(h)学習活動にかかわる技能・表現， (j)コミュニケーション能力
❺複眼で見る	発見アイテム 問題アイテム	(a)課題設定の能力
❻振り返る（ただし，この要素は全体に関連する）	振り返りアイテム	(e)自己の生き方
❼やりぬく	がんばりアイテム・活動アイテム・ヒットポイント	(d)学習への主体的，創造的な態度，(f)学習活動への関心・意欲・態度

総合的な学習における評価の観点を設定する際に注意を払うべき点は，子どもと一緒に評価の観点を見いだして評価規準をつくるということです。そうでないと，子どもは，自らの学びを責任意識的に評価するようにはなりません。だから，表の中央の欄にあるように，子どもが自分にもっともフィットした言葉で観点を表現させるようにしています。

とはいえ，いつも教師が期待しているような観点が子どもから都合よく出てくるとは限らないでしょう。そのような場合，例えば，次に示すように，教師側からの適切な働きかけがあってよいかもしれません。とにかく，教師が一方的に評価の観点を子どもに提示することだけは避けることです。

工夫のしどころ⑯　「子どもの考える規準と教師の考える規準」

礒田敬二（森目小学校）

子どもたちは，経験からどのような学習がよいのか，大切なのかという自分なりの考えをもっています。例えば，「できるまで何度も繰り返した」「やる気をもって集中した」「図鑑を使って詳しく調べた」「わからなかったことを家の人に聞いた」「わかりやすくまとめた」「字だけでなく絵や図を工夫した」「発表する時，わかってもらうように工夫した」「人の話をよく聞いて，自分の考えと比べた」などの理由が返ってきます。これが，学びを評価する観点（子どもの言葉では“アイテム”）や規準をつくる際のヒントになります。

総合的な学習1年目のアイテムは，がんばり，調べ方，まとめ方，発見，実践，友だちという6つのアイテムをつくりました。そして，2年目の「森目っ子ECOパトロール」という中学年対象の実践では，問題，作戦，活動，協力，表現，振り返り，実践という7つになりました。

当然，教師もこの学習活動でこのような学びをしてほしいと考えていることもあります。ですから，話し合いながら子どもと教師の考えを合わしてアイテムを創っていきます。これまでの実践経験からいえば，がんばる（意欲面），調べる，まとめる，表現，協力などは子どもからだいたい出てきます。

1年目になくて2年目にあるアイテムは，「振り返り」と「作戦」でした。「振り返り」のアイテムは，子どもは，ポートフォリオを使ってきましたので，すんなり子どもから出てきました。

しかし，「作戦」アイテムは，A図に示すように，子どもから出されたのではなく，教師から投げかけたものです。とはいっても，子どもたちは，調べる方法やまとめ方などの計画は，これまでも学習シートなどを通して自然な形でやってきていましたので，ここではアイテムとしてその重要性を示唆しただけです。たしかに，問題解決力をつけていくために，自分の活動を計画していくことは大切で

A. どんな学び方がいいか

森目っ子ゼミナール

森目ECOパトロール学習アイテム

児童の記述	アイテム
○Y女さんがダイオキシンのことを言ってきて疑問になって本資料で調べたことがよかった。 ○森のおしっこ，森のげっぷを読んで人間が毒になって木や魚をころすとわかって途中だっだからそれについてもっと調べたいと思った。	問題アイテム
児童なし，教師から	作戦アイテム
○インターネットで酸性雨のことを調べた。 ○リサイクルのことをいろいろなことから調べた。 ○クリーンセンターで係の話をきちんと聞いた。 ○すすんで図書館に行って，本を借りてきた。 テレビ，Eメール，TEL，手紙，体験，見学，観察	活動アイテム
○みんなで新聞作りをして楽しかった。 ○自分の地区をパトロールをするとき，リーダーとしてやって，調べられてリーダーの仕事を守った。 ○クリーンセンターの新聞をがんばった。みんなで協力できたから。	協力アイテム
○クリーンセンターの新聞作りをがんばった。写真をとったり，実際に見てメモをとって生かした。 ○ゴミ新聞の時にメモを生かしてちゃんとできたのでよかった。 ○自分でクリーンセンター見学にメモをいっぱいとれた。 ○新聞を４枚がんばって書けたのでよかったです。すすんで図書館に行って，本を借り，そのことをワークシートに書けたのでよかった。 ○模造紙をきりとって，みんなに見やすく書いて説明できたことがよかった。 ○新聞を工夫してかけた。クリーンセンターの人たちがどんな思いなのかうまくまとめられた。 ○クリーンセンター見学新聞をきちんとかけた。 ○クリーンセンター見学新聞作りで，絵も付け加えてきれいにできた。	表現アイテム
	振り返りアイテム
	実践アイテム

しょう。

この「作戦」アイテムを設けて，学びの計画を立てる時間を設定した結果，一人一人に個人差はありますが，ある程度見通しをもって学びに取り組む子どもが増えてきました。

子どもたちは，意識はしていなかったのですが，これまでも大なり小なり「活動を計画する」ことをしてきています。ですから，私から「アイテムとして付け加えたら」と言った時も，子どもたちは「そうだな」とすぐに納得できたように思います。

B.　森目っ子ECOパトロール学習アイテム

問題アイテム	自分で追究できる問題を見つけることができる。
作戦アイテム	問題を解決するための方法や手段を自分で考えて，計画を立てることができる。
活動アイテム	問題を解決するために，計画通り，積極的に行動できる。
協力アイテム	問題を考えたり，解決するために，仲間と協力して活動できる。
表現アイテム	テーマや問題，解決の方法，わかったことや気づいたことなど，みんながわかりやすいようにまとめることができる。
振り返りアイテム	今までの学習を振り返って次の学習に生かしたり，参考にしたりできる。
実践アイテム	自分で調べてわかったことや気づいたことを生かして，実際に行動に移すことができる。

C.

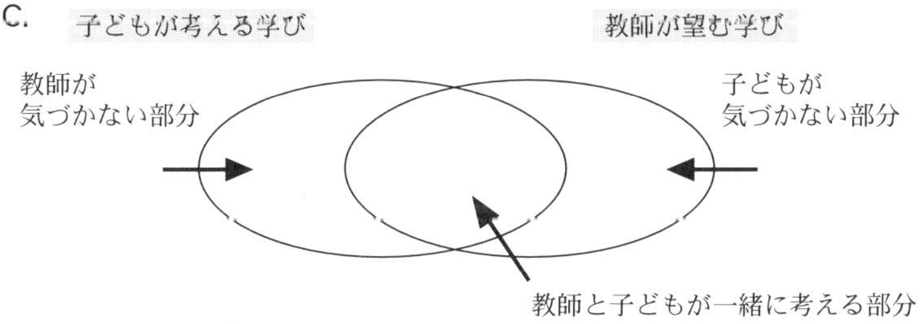

要するに，C図に示すように，教師と子どもが話し合って，互いの気づかない部分を検討しながら，付け加えたり省いたりして評価の観点をつくりあげ，共有していくことが大切なように思います。

工夫のしどころ⑰　**「最終的なイメージが大切」**

大橋巌（福井大学附属中学校）

1年生の総合的な学習の時間“学年プロジェクト”では，文化祭の学年企画のなかで,「優れた企画とは何か」と問いかけ，評価の観点の一つとして①魅力，②発表・まとめ方，③見通しなどを抽出しました。

そして，子どもたちの自己評価やヒアリングの結果から，②や③の評価が低い子どもほど，活動に対する①魅力の評価も低くなる傾向にあることがわかりました。

このことは，子どもの主体的な学習を展開していくうえで，学習の最終的なイメージをもたせることが大変重要であり，それなくしては，見通しをもって学びを展開していくこともむずかしいということです。

さらに，いくら子どもの興味関心に基づく課題を設定したとしても，最終的な学びの姿がイメージされなければ，見通しも立たず，興味関心も薄らいでいってしまうということも示しています。

（2）内容評価の観点と規準の設定法

総合的な学習といえば，学び方には注目するけれども，内容（知識理解）にはほとんどふれないという傾向があります。しかし，総合的な学習で扱う対象が一律ではないからといって，内容を軽視してよいわけではありません。内容が深まれば，方法も多様になり，また内容にも影響します。両者は，相互に作用するのです。

内容評価の観点と規準のつくり方を「カレーづくり」の実践によって紹介します。その方法は，基本的には学び方の導入法と同じです。ただし，学び方の評価の観点・規準を導入した後に実施してください。その様子をカレーづくりの内容が深まっていく過程でたどってみましょう。

松村教諭は，初めて総合的な学習を行うにあたって，カレーづくりにしようと決めた４月末，最後にカレーコンテストをして，「おいしさ」「栄養バランス」「発表の内容」「協力」の観点で評価できるのではないかと思っていました。たしかに，総合的な学習を成功させるためには，このような最終結果に対するイメージを描いておく必要があります。

その後，S女が「究極のカレーを作りたい」と書いてきたので，「おいしい」から「究極の」カレーに改めて内容を深めようとしました。このころに学び方の評価の観点と規準を導入しています。そして，家庭科の先生に五大栄養素を教えてもらったり，学外講師から農作物を見せてもらいながら農業の苦労や工夫について学ばせ，「食が危ない」というテーマで食材の安全性や農薬の危険性にも気づかせました。

このようにカレーに関する知識の広がりと深まりをもたらした後，６月24日の授業で「究極のカレーとは何か」と問いかけ，学び方のアイテムづくりと同じ要領で子どもの発言を整理すると，次のようになりました。数字は内容評価の観点，括弧内は観点の下位にある規準です。

①おいしさ（見た目，味，香り）

②食材の安全性（無農薬，有機栽培，国産，水）

③栄養のバランス（五大栄養素，ビタミン，スパイス）

④アイデア（隠し味，世界に一つ）

これらの観点と規準は，カレーの試作会を通して子どもたちの間で共有され，内面化されます。その際に，いきなりすべての観点を網羅するのでなく，次頁の**図４**から**図５**に示すように，試作会から本番のカレーづくりに向けて少しずつ観点を増やしていきました。

なお，カレーづくりからの活動は，班単位で進められていきます。それで，松村教諭は，班ごとに１つのポートフォリオを用意して，そこに班メンバーの学習物等を収めるようにしました。このようにカレーづくり以後の学びは，個人別ポートフォリオからはわかりません。

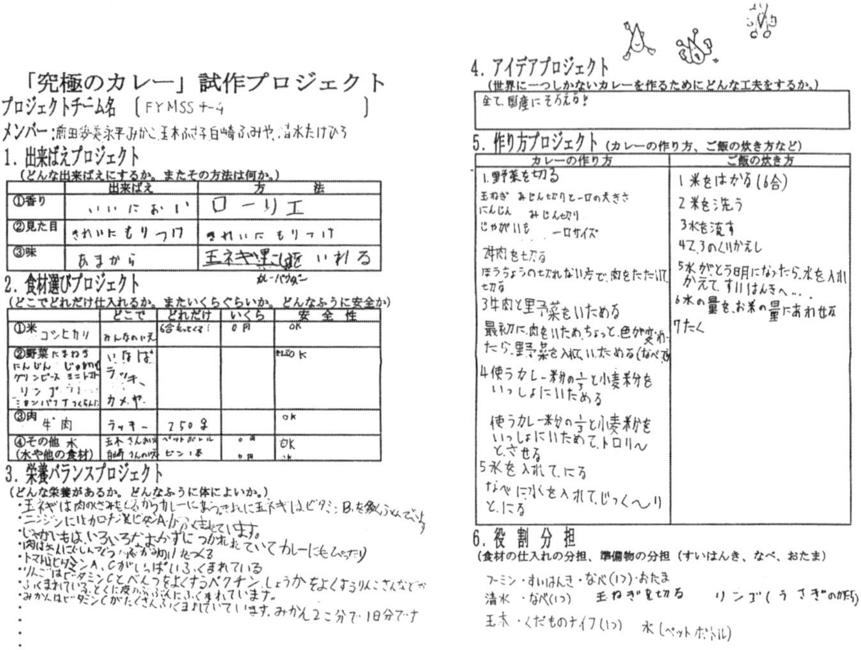

「究極のカレー」試作プロジェクト

プロジェクトチーム名〔FYMSSチーム〕

メンバー：前田安美 永平みかこ 玉木ふさ子 白崎ふみや 清水たけひろ

1. 出来ばえプロジェクト

（どんな出来ばえにするか。またその方法は何か。）

	出来ばえ	方法
①香り	いいにおい	ローリエ
②見た目	きれいにもりつけ	きれいにもりつけ
③味	あまから	玉ネギや黒こしょうをいれる カレーパウダー

2. 食材選びプロジェクト

（どこでどれだけ仕入れるか。またいくらぐらいか。どんなふうに安全か）

	どこで	どれだけ	いくら	安全性
①米 コシヒカリ	みんなの家	6合もってくる	0円	OK
②野菜 たまねぎ にんじん じゃがいも グリンピース ミニトマト リンゴ ミカンパイナップルかん	いなば ラッキー、カメヤ			オールOK
③肉 牛肉	ラッキー	250g		OK
④その他 水（水や他の食材）	玉木さんの家 白崎さんの家	ペットボトル ビン1本	0円 0円	OK OK

3. 栄養バランスプロジェクト

（どんな栄養があるか。どんなふうに体によいか。）

・玉ネギは肉のくさみをとるからカレーにあう。それに玉ネギはビタミンB₁を多くふくんでいます
・ニンジンにはカロチンとビタミンAがふくまれています。
・じゃがいもは、いろいろなおかずにつかわれていてカレーにもぴったり
・肉は丈夫にしんぞうや血をつくる
・トマトはビタミンA、Cがいっぱいふくまれている
・りんごはビタミンCとべんつをよくするペクチン、しょうかをよくするりんごさんなどがふくまれている。とくに皮がぶぶんにふくまれています。
・みかんはビタミンCがたくさんふくまれていています。みかん2こ分で1日分です
・
・
・
・

4. アイデアプロジェクト

（世界に一つしかないカレーを作るためにどんな工夫をするか。）

全て、国産にそろえる！

5. 作り方プロジェクト（カレーの作り方、ご飯の炊き方など）

カレーの作り方	ご飯の炊き方
1. 野菜を切る 玉ねぎ みじん切りと一口の大きさ にんじん みじん切り じゃがいも 一口サイズ 2牛肉を切る ほうちょうの切れない方で、肉をたたいて切る 3牛肉と野菜をいためる 最初に、肉をいため、ちょっと、色が変わったら、野菜を入れていためる（なべで） 4使うカレー粉の$\frac{1}{3}$と小麦粉をいっしょにいためる 使うカレー粉の$\frac{1}{3}$と小麦粉をいっしょにいためて、トロリ～とさせる 5水を入れて、にる なべに水を入れて、じっく～りと、にる	1米をはかる（6合） 2米を洗う 3水を流す 4 2、3のくりかえし 5水がとう明になったら、水を入れかえて、すいはんきへ… 6水の量を、お米の量にあわせる 7たく

6. 役割分担

（食材の仕入れの分担、準備物の分担（すいはんき、なべ、おたま）

フーミン・すいはんき・なべ（1つ）・おたま

清水・なべ（1つ） 玉ねぎを切る リンゴ（うさぎの形）

玉木・くだものナイフ（1つ） 水（ペットボトル）

図４　カレー試作会のための学習物

カレーの内容評価の観点と規準は，子どもにとっては学びのめあてとして，その後の学びの指針となり，教師にとっては，本章の冒頭に紹介したように，子どもの学びをコーチングする際の手がかりとなりました。

松村教諭は，④の「アイデア」を「そのほか」と改め，学び方アイテムとの関連も考えて，発表の仕方，模造紙のまとめ方，班の協力という評価規準を組み入れています。このような配慮も必要でしょう。

学期末に開かれた本番のカレーコンテストでは，**図６**のような観点別の評価表で他班の評価をしましたが，試作会に比べて，どの班も格段によい“究極”のカレーができ，掲示した班新聞も評価の観点が絞られていて説得力があります。このようにカレーコンテストは，一学期に及ぶ子どもたちの長期の学びを祝う場となりました。

なお，この総合的な学習の実践は，発表会やコンテストなどの節目で

は，隣の学級と合同で行いましたが，その際にも評価の観点を両学級で共有することが，学年協働の総合的な学習を円滑に進めるのに役立ちました。

「究極のカレー」本番プロジェクト３
プロジェクトチーム名〔　FYMSチーム〕
★１　試作会を終えて、自分たちの振りかえり（思ったこと、気づいたこと、考えたことなど）はどうだったか。

白崎史也	カレー粉からカレールーにしなかったのがしっぱいだったと思う。
清水	しっぱいしました
玉木	次ももっと考えてスパイスをよーくえらべばよかった。
前田ゆみ	スパイスをめちゃくちゃにいれたからだと思う。
永井	カレー粉をいれなかったのがしっぱい

★２　試作品を食べていただいた先生の感想やアドバイス

・いためる(野菜)バターを使うといいかおりがつく(味もよくなる)
・牛にゅうを入れるとまろやかになる(らしい)
・塩で味をととのえる

★３　試作会（の失敗？）をふまえて本番での改善点

前はカレー粉をそのままいれてしまったので、こんどはカレールーをさきに作っておいてそれをつかう　おいしくなればいい　ルーの作り方　小麦粉をフライパンでいためる。次に小麦粉を入れて20〜30分ほどいためる。そしてカレー粉をいれ、さらにいためる。これでかんせい

★４　本番でのアピールを考えよう。

評価規準	アピール内容	アピール資料
出来ばえ ・香り ・見た目 ・味 ・その他	きれいにもりつける いいかおりにする（ローリエでかおりをつける） 野菜は一口サイズに切る まろやかでトロ〜としたカレー	本やパソコンで調べてもりつけ方を学ぶ
栄養バランス ・五大栄養素 ・ビタミン ・スパイス ・その他	野菜のビタミンを調べて、ビタミンが多くふくまれている野菜をかう。	野菜のふくろのうらラベルを見る。
食材選び ・有名な産地 ・無農薬 ・有機栽培 ・国産 ・水 ・その他	やおやさんでかう 水はじょう水ではなく生物のいないきれいな水	産地のいい野菜をかう 野菜のラベルをはる
アイデア ・世界に一つ ・かくし味 ・その他	かくし味はローリエでかおりをつけること チョコレートを入れてあまくする 牛にゅう入れてトロミをつけてトロ〜とする カレーパウダーをカレールーにして使う	カレーパウダーを使う
その他（例） ・発表の仕方 ・模造紙のまとめ方 ・班の協力	見やすい用に色をわけて書いて、めだつようにする 工夫したとこ、まちがったところの反せいを書く	くわしく書く ほかのはんとはちがう書き方をする

図５　カレーコンテストのための学習物

他のチームの中でベスト１とベスト２を選ぶと、（大人用）

氏名〔　　　〕

出来映え（仕上がり）＋アイデア（オリジナル）ベスト１は、　　　　チームです。
〈理由〉・香り（風味）・見た目・味・かくし味・その他

……切り取り……

氏名〔　　　〕

出来映え（仕上がり）＋アイデア（オリジナル）ベスト２は、　　　　チームです。
〈理由〉・香り（風味）・見た目・味・かくし味・その他

氏名〔　　　〕

食材の安全性ベスト１は、　　　　チームです。
〈理由〉・有名な産地・無農薬・有機栽培・国産・水・その他

……切り取り……

氏名〔　　　〕

食材の安全性ベスト２は、　　　　チームです。
〈理由〉・有名な産地・無農薬・有機栽培・国産・水・その他

図６　カレーコンテストの評価用紙

2　上級レベルの理論と実践

上級レベルのポートフォリオは，中級（①目的をはっきりさせる，②学習物を集める，③いつでもどこでも何でも評価する，④評価規準にそって選ぶ，⑦発表したり，報告書を提出する）の基礎に立って，⑤の「子ども同士の検討会」を実施したり，⑥の子どもが自ら「学習物の入れ替えができる」ようになった状態をいいます。それは，子どもが④の評価規準をしっかりと内面化しなければ行うことができません。上級レベルに達するには，半年から１年間のポートフォリオ経験が必要です。

上級レベルの流れと留意事項

【１】学習物を入れ替える

質の高い学習物を集めて，新たな学びを見通す。

【２】子ども同士のポートフォリオ検討会をする

単なる印象評価にならないよう，評価の観点・規準を根拠に。

【１】学習物を入れ替える

学んだものを何でも収納していけば，すぐにポートフォリオが満杯になってしまいます。そして，学習物の量が多すぎて，振り返って学ぶこともむずかしくなります。

質の高い学習物を集めて，新たな学びを見通すことが必要です。中級レベルでは，設定した評価規準に照らして学びを進めてきました。上級レベルになると，もっと自学に近づきます。つまり，評価規準を内面化させて，自らの学びを評価し，関係者にもその成果を公表しながら，次なる学びを展望するようになります。

そこでは，ビルにある回転ドアのように，自分の評価規準を軸に「自分はこれを評価して伸ばそう」という学習物の入れ替えが行われます。

＜凝集ポートフォリオか元ポートフォリオか＞

学習物のなかで優れたものを「凝集ポートフォリオ」とし，学習物の収納庫としての「元ポートフォリオ」と区別するという提案もあります[4]。そこには学習物の入れ替えの考え方が含まれています。

これは，アメリカでいうと，前者が「ショーケース・ポートフォリオ」や「ベスト・ワーク・ポートフォリオ」，後者が「ワーキング・ポートフォリオ」とか「プロジェクト・ポートフォリオ」と呼ばれるものです[5]。

しかし，私たちのポートフォリオの実践研究を踏まえていえば，就職や昇進なら凝集ポートフォリオは必要でしょうが，本書の題名のように“ポートフォリオで総合的な学習を創る”というような場合には，「元ポートフォリオ」を使うほうがよいと思います。

プロジェクト・ゼロでも「不断の評価道具として，子どもの学びの全段階からの例を（最後だけでなく最初や中間の学習物も）含めているポートフォリオは，しばしば厳選された『ベスト・ワーク』を含めたポートフォリオよりもずっと有益である」[6]といいます。

国語教育学者のファー（Farr, R.）たちもベスト・ワーク・ポートフォリオは，子どものメタ認知の力がつかないし，学びの過程もわからないと批判します[7]。自分はダメと思う学習物でも，他人から見れば，優れているということもあるでしょう。

実は，私たちも初めてポートフォリオを学校で実践したときに，凝集ポートフォリオを試みたことがあります。しかし，２種類をつくるのは，置き場所にも困るし，費用もかかります。それで，内藤義弘教諭（鯖江中学校）は，元ポートフォリオの中の学習物で**ベストと思うものに付箋を付けて，見てほしいポイントを書き**，凝集ポートフォリオとしても使える方法を考えました。ちょっとした工夫です。

このようにいえばむずかしいと思うかもしれませんが，例えば班新聞に何を載せるのかを考える場合にも，何らかの規準にそって学習物の入れ替えを行っているのです。**評価規準を意識して，ほかの関係者にもわかるように，ポートフォリオに明示して学習物を入れ替えよう**ということです。学習物の入れ替えをするには，ポートフォリオをじっくり読んだり，見たりして熟考し，学びを振り返らなければなりません。それは**学び方を学ぶ**ということにもなります。

【2】子ども同士の検討会をする

中級レベルでは，中間発表会や最終発表会で「発表して感想を聞く」ということをしました。そこでは，教師は，発表や評価の方法などに関して「だれに」「いつ」「どのように」という細かな支援を行います。

しかし，上級レベルの「子ども同士の検討会」では，もっと子ども主導の学びと評価になります。そして，どちらかといえば，学級全体よりむしろ**小集団の検討会**です。

ある程度の学びが進み，評価規準を共有し，使い込んだ時点で，子どもたちは，これまでの学びを振り返って，最終的に期待される学習結果を念頭におきながら，自分の学びを振り返る。それが子ども同士による**ポートフォリオ検討会**です。

検討会で注意したいのは，相互評価によって“ほめ殺し”にならないことです(8)。よい点も悪い点も率直に評価してもらい，最終的な発表会や報告書づくりに役立てるように支援してください。また，単なる印象による意見表明で終わるのでなく，**ポートフォリオに収められた学習**

【ポートフォリオ検討会
portfolio collaborative conference】

2，3の学習物を提示して，それを巡って数人の参加者と一緒に学びの特徴や伸びや変容を論じる集まりです。教師による検討会では，授業者が特定の子どもの学習物を提示して，子ども理解を深めたり，単元展開を検討するのに役立ち，また，子ども同士または教師と子どもの検討会では，子どもが特定の評価規準にそって自分の学習物を示して話し合う中で，自己評価や学び方を学ぶことができます。

物等を手がかりにして，多様な角度から検討するようにしなければなりません。

そのためには，次のような手順で子ども同士の検討会の準備をして，実施することです。

①少なくとも１週間前には，班同士でポートフォリオ検討会をすることを告げて，班で検討する相手のペアリングをします。**事前にポートフォリオを交換**して，相手の班の子どもに**尋ねたいことをリストにして渡す**と，検討会のスムーズな運営に役立ちます。

②学習物等に焦点化した質問をするようにさせてください。実際の検討会までに検討会の模様をロールプレイングさせたり，ビデオを見せたりして，その**進め方に慣れさせておく**のも効果的です。

③実際の検討会では，子どもが学習物を２つほど示して，伸びや変容などを説明することから始めます。それから，参加者の子どもが提出した質問リストに答えた後，自由討論に入ります。そこでは，子どもが評価規準を立てて，自分の学びを立証しようとすることもあるでしょう。

その間，教師は，それぞれの班の検討会を回って，話し合いが停滞したり，袋小路に陥ったときに，助け船を出します。その際にポートフォリオを見れば，より適切なコーチングをすることができるはずです。

なお，160頁以降で紹介するように，教師用ポートフォリオを採用した場合には教師の力量形成を目的とした検討会が行われます。

【３】上級レベルの途上にある授業

（１）子ども同士の検討会の試み

実は，私たちは，小学校での子ども同士のポートフォリオ検討会をまだうまく実施できていません。鯖江中学校（斎藤優校長）では，社会科のポートフォリオを使っており，そこで何とか子ども同士の検討会を成功させているだけです。

この中学校の内藤義弘教諭は，一昨年，社会科の夏休みの自由研究レポートを題材に教師と一人一人の子どもとの検討会を開きました。しかし，子どもの話より，教師が長短所を指摘したり，学びの助言を与える検討会になりがちでした。最初は，子どもが学習物についてあれこれ発言していても，いつの間にか教師が話をリードして，子どもが聞くという受身の姿勢になっていました。

そのような反省に立って，今回は，２年地理の授業で子ども同士の検討会をやろうということになりました。

教師は，単元「日本と国際社会」の冒頭において，「ブラジル，サウジアラビア，オーストラリアの３か国のうち日本の協力を得た場合，経済的発展がもっとも著しい国はどこか」という課題を与え，子どもたちは，このうちどれかの国に絞って班ごとに調べ学習をしてきました。

教科学習ですから，総合的な学習とは違って，教師が評価の観点と規準を提示し，少しずつ子どもたちの中に浸透させていきます。そして，３月中旬，次のようにして子ども同士の検討会を行いました。

まず，内藤教諭は，班をペアリングして，各班で一人一人自分の学習物のベスト１を評価規準に照らして確認するように指示します。その際に，評価基準表（rubric）を見せながら，例えば，「知ることの目的がわかる」という規準ならば，**自分の評価基準表と証拠になる学習物を並べて見せる**ように注意を促しました。

そして，学習物ベスト１を確認させた後，子どもによるポートフォリオ検討会に入りました。検討会の間，教師は，スポーツのコーチのように，各班を回り，じっと発表の様子に耳を傾け，質問や助言をします。

例えば，発表者のＳ男は，評価規準「調べた証拠が信用できる」にあたるとして，自分の学習物を使って，他班の生徒を次のように説得していました。

「どの国が一番発展したかというと，『人口の増加がいちばん経済的発展を示す』点では，このグラフでは，サウジアラビアは，ブラジルやオーストラリアに比べて，人口増加が大きい。『国内総生産の増加が大きい』点では，1970年を100とすると，92年には39倍とこれも一番。だから，結論としては，サウジの発展が一番すごいということです。」

その発表を聞いて，子どもたちは「うーん」と唸るばかり。そこで教師は，「石油が今はあるからよいが，もしも石油がなくなったら，今後，日本との関係はどうなる」と揺さぶりをかけます。すると，この問題について，２つの班の間で議論が繰り広げられていきます。

このようなすべての子どもの発表と討論，時折行われる教師のコーチングの後，内藤教諭は，透明のクリア・フォルダーを一人一人に配って，学習物と評価基準表をファイルさせて，授業を終えました。

なお，子ども同士の検討会では，発言の多い子どもが活躍しているような印象を抱きやすいのですが，黙っていても深く考えている子どももいるでしょう。そのような個人的な特性も考慮して支援を図らなければなりません。

（2） 1年間のポートフォリオを振り返る

評価規準を意識した学習物の入れ替えは，小学２年生でもできます。例えば，礒田教諭が実施した「命って大切」という授業では，「まとめ方アイテム」をめあてに学んできましたが，１月8日と３月15日の作文を入れ替えています[9]。しかし，すべての子どもがこのようにできたわけではありません。

松村学級では，１月末から３月にかけて，一人一人に自分のポートフォリオを振り返らせました。そこでの振り返りが，実質的には，学習物の入れ替えになっています。そして，次の方法をとれば，比較的どの子どもでも簡単に学習物の入れ替えができます。

まず，１月28日に「この１年間の自分の成長を振り返って」と題する次頁のようなプリントを渡して，振り返りをさせました。

Y女は，32頁で紹介したように，年度初めに文章だけの表現では不十

この一年間の自分の成長を振り返って

1月28日　5年3組〔　　Y女　　〕

一学期はカレー学習、２学期は環境リサーチなどの学習を行いながら、学び方アイテムの習得、自主学習、見たこと作文の問題発見―問題解決などの学び方を身に付けてきました。そこで、ふるさと学習ファイルや見たこと帳などを見て、一年前と一年後の自分の成長を見比べて見ましょう。

①ふるさと学習ファイルの中から
ベスト学習物を２つ選ぶとしたらどれを選びますか。

・1月27日の森林
選んだ理由（グラフなどをつかっていたから。）
・5月26日のビタミン
選んだ理由（ビタミンのことがくわしくかいてあるから。）

もっと充実させたい（もっと伸ばしたい）ものを一つ選ぶとしたらどれを選びますか。
・4月27日のお米作り
選んだ理由（字ばっかりで絵がないから。）

②見たこと帳から
ベスト自学を２つ選ぶとしたらどれを選びますか。
・12月3日の授業でわかったこと
選んだ理由（授業やったところをまとめてあるから。）

・6月1日の見たこと作文
選んだ理由（シャーペンを見て図をかいて2ページにかいてあるから。）

もっと充実させたい（もっと伸ばしたい）ものを一つ選ぶとしたらどれを選びますか。
・6月17日の見たこと作文。
選んだ理由（ためになる自学ではなかったから）

③ふるさと学習や自学を通して自分ができるようになったこと、自分のよいところ、力をつけたこと、身に付けたこと、成長したことがたくさんあるはずです。思いつくままに書き出してみましょう。また何を見てそう思ったのかも書いておきましょう。

・自学の力がついた
理由―メニューがよくなっている。自学帳をはっずつみていて思った。
・まとめる力がついた
理由―まとめ方アイテムの絵やグラフをみて表すのができるようになった。
・調べる力がついた
理由―なにで調べたかかけるようになって。ふるさと学習ファイルをふりかえって思った。
・調べる力がついた
理由―はい気ガスについてしらべたとき多い所と少ない所とを比べられた。（調べ方）
・自学の力がついた
理由―実際にじっけんして調べられるようになった。（調べ方）

図７　１年間の自分の成長を振り返る

分であることに気づきました。9月3日付の「2学期私はこれをする！！」というカードには，「発表まとめ方アイテムのまとめ方のほうで字だけじゃなく絵でも表せるようがんばる」と書いています。

そのようなめあてをもって学んできた結果，1月28日には**図7**のような振り返りをしています。当然，このころにはベスト学習物やベスト自学に該当する学習物も添えるので，学習物の順序も年月日順がくずれていきます。ここでは，絵やグラフでもまとめる力がついたと自己診断していますが，貼られた振り返りメモ（2/5）には，「自学で今日やったことやきのうやった所を復習できるようになりました」と述べ，今後の課題として「挑戦アイテムを身につけたいです。実際に挑戦したり，実施させたりできるようになりたいです」と述べています。

●目次とあとがきを付ける

また，3月末には，一人一人のポートフォリオに目次を作らせ，「あとがき」も書かせています。

例えば，Y女は次のような「あとがき」を書いています。また，N女は，学び方のアイテムを次々と攻略してきたがんばり屋ですが，「あとがき」の最後に次のように述べました。

ポートフォリオの「あとがき」（一部抜粋）

［Y女］

プレゼンテーションをしたことが一番ふるさと学習のなかで心に残っています。自分でパソコンをしたりしたからです。楽しかったことは，カレー学習です。グループに分かれて世界に一つしかないカレーをつくったことです。1回目つくったときはスパイスをいれすぎてまずかったけど本番はおいしかったです。一番勉強になったことは，環境問題について学習したことです。いま，環境があぶないと知りビックリしました。一番できるようになったことは，まとめでキャラクターをつかえるようになったことです。

［N女］

一番大きく変わったことは，松岡町に対しての思い（想い）がすっごく変わったことがなによりの収かくです。前なら平気でポイすてなんかもしていたけど，今はゴミが１つでも落ちていたりすると，近くのゴミ箱にしぜ～んに入れてしまうほどです。水などもチョロチョロと少しでていても，前はむしして行ってしまったけど，今は気になって気になってしかたがないほどです。みんながこのファイルを読んで，みんなが環境のことを気にしてほしいです。そして，もっともっと緑の多い松岡町になるといいです。

工夫のしどころ⑱　「ポートフォリオで問題解決力を」

松村聡（松岡小学校）

前年度のポートフォリオをどうするのかという問題ですが，私は，次年度に持ち越したい学習物を10点以内で選ばせました。子どもたちは，上手にまとめた学習物や伸びを書き綴った「あとがき」や苦労して集めた資料などを選んでいました。そして，選択した学習物を新年度のポートフォリオの一番前に入れ，今年度の学習物と区別ができるように，前年度の学習物との境目に色画用紙をはさむように工夫しました。

ポートフォリオには，このような「セレクト」という作業があります。選んだ理由を評価規準にそって自分にとって大事な学びはなにか，どんな学び方が必要かということを見つめ直すことができます。多くの学習物から大切なものを引っぱりだす力，これは問題解決能力の中の重要な力ではないでしょうか。

●次年度にベスト学習物を持ち越す

そして，松村学級の子どもたちは，６年生になると新しいファイルを渡され，再びポートフォリオを使って環境リサーチをします。その最初の数ページは，５年生のときの学習物でいっぱいです。教師から５年生の学習物で誇れるものや自慢できるものをファイルするようにと言われたからです。

このようにポートフォリオは，１年間の学習物等を振り返る過程で，また，次年度の橋渡しとして学習物の入れ替えが行われているのです。

工夫のしどころ⑲　「子どもと親で作る通知票」

須甲英樹（森目小学校）

１学期の総合的な学習「ゼミナール」の振り返りとして，１時間を使って，子どもと保護者の協働による通知票（記述式）をつくりました。とくに次のような点を工夫しています。

①「自分にとってグッドなこと」は，一人一人のめあてや達成感を感じているポイントは違うということを配慮して“グッド”と曖昧な表現を使っています。全体的には，自分の学び方について述べる子どもが多くて，内容面について答える子どもが少ない傾向がありました。

②「おうちの人からのコメントカードを送ろう」は，この振り返りをしたのが，ちょうど保護者会だったので，家庭の人にもポートフォリオを見てもらってコメントを書いていただきました。そこでは，学習物と関連づけた具体的な励ましの言葉が多く，子どもたちも喜んでいたようです。

③「１学期のゼミナールをして」に内容面の振り返りをする子どもが多く見られました。①で少ない内容面の振り返りをここでカバーしています。

この通知票は，児童理解に役立ちました。保護者からのコメントは，子どもの

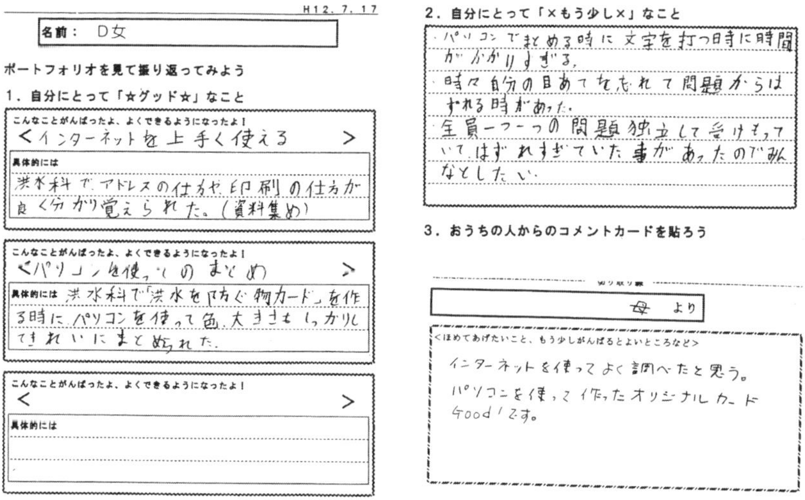
H12．7．17

名前：　D女

ポートフォリオを見て振り返ってみよう

１．自分にとって「☆グッド☆」なこと

こんなことがんばったよ、よくできるようになったよ！
＜インターネットを上手く使える＞
具体的には
洪水科でアドレスの仕方や印刷の仕方が良く分かり覚えられた。（資料集め）

こんなことがんばったよ、よくできるようになったよ！
＜パソコンを使ってのまとめ＞
具体的には　洪水科で「洪水を防ぐ物カード」を作る時にパソコンを使って色，大きさもしっかりしてきれいにまとめられた。

こんなことがんばったよ、よくできるようになったよ！
＜　＞
具体的には

２．自分にとって「×もう少し×」なこと

・パソコンでまとめる時に文字を打つ時に時間がかかりすぎる。
・時々自分の目あてを忘れて問題からはずれる時があった。
・全員一つ一つの問題独立して受けもっていてはずれすぎていた事があったのでみんなとしたい。

３．おうちの人からのコメントカードを貼ろう

母　より

＜ほめてあげたいこと、もう少しがんばるとよいところなど＞
インターネットを使ってよく調べたと思う。
パソコンを使って作ったオリジナルカードGood！です。

4．一学期、ゼミナールをして＜感想＞

・最初の「秘密科」で九頭竜川の歴史を調べると、「何度も何度も洪水が起きていたんだ〜。恐いな〜。」と思い、結論の時には恐い川と書きました。その時また発見もあって自分が全く川について、しかも自分の地区の川の事を知らなかったんだと、つくづく思いました。
・また、洪水科でやっぱりパソコン・インターネットを使って資料集め、最後のまとめが出来て本当によかったです。
最後の「めぐみ科」は、いままでの悪い事を直し、よりいっそう上手いレポート・結論を書きたいです。

平成１２年度

ゼミナール
通知票

名前　D女

大野市森目小学校

校長　早川きよみ

担任　須甲　英樹

意欲づけにもなったように思います。

なお，私は，2学期初めにもう一度この通知票を見て，子どもにめあてを再確認させたり，新たに評価規準を構想する参考にしています。

注

(1)Winner，E.(ed.) *Arts PROPEL : A Handbook for Imaginative Writing*，Educating Tesing Serivce and the President and Fellows of Harvard College，1993. p.75.

(2)Parsloe，E. and Wary，M. *Coaching and Mentoring*，Kogan Page Limited，2000，p.59.

(3)日本スポーツ心理学会『コーチングの心理 Q&A』不昧堂出版，1998年，47頁。

(4)鈴木敏恵『ポートフォリオで評価革命！』学事出版，2000年，60-61頁。

(5)Farr，R. and Tone，B. *Portfolio and Performance Assessment*［2nd Edition］，Harcourt Brace College Press，1998. p.23. Stiggins，R.J. *Student-Centered Classroom Assessment*［2nd Edition］，Prentice-Hall，Inc. 1997. p.457.

(6)Blythe，T. et al. *The Teaching for Understanding Guide*，Jossey-Bass Publishers，1998，p.114.

(7)Farr，R. and Tone，B. op.cit. p.55.

(8)加藤幸次『学びの支援の上手な先生』図書文化社，1999年，196頁。

(9)加藤幸次・安藤輝次，前掲書，155-156頁。

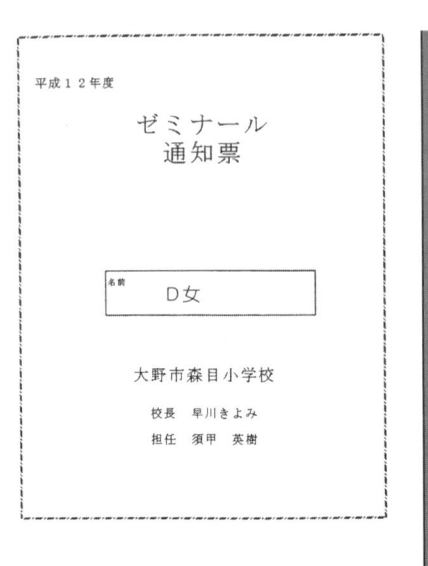

第6章 教師の力量形成の手だて

「あさ，ごみを拾いながら登校するってことは，とても大変なことです。朝のさまざまな活動があるなかで，早めに家を出て，かばんを背負ったうえで，道端の川などのタバコの吸いがら，空き缶，つまり汚れたものを拾うのですから。でも，たとえタバコの吸いがら一つ拾うだけでも通学路をきれいにしたいとがんばる子どもの姿を目の当たりにしたとき，教師としてこの純粋さに対し何ができるのだろう？と自問せずにはおられません。子どものほんとうに素直な心に学ばなければ，人として恥ずかしいと思うからです」

1999年４月末，長野県諏訪市立城南小学校（上條秀一校長）の小林高志教諭は，担任する６学年向けの総合的な学習の学習指導案で「積極的に環境に，ふるさとに働きかけていこうとしている純粋な子どもの姿から学びたい」と記しました。上の文章は，「純粋な子どもの姿から学びたい」という意味を尋ねたときの回答です。

小林教諭にインタビューし，さまざまなものを見せていただいてもっとも驚いたことは，見取り評価を使いながら，“子どもに学ぶ”姿勢が貫かれ，実行されていたことです。

現在，総合的な学習を行っている教師の多くが，生活科の影響もあってか，見取り評価を使っています。しかし，見取り評価には子どもの自学への支援が弱いという問題があると思います。したがって，本書の主眼を「総合的な学習において子ども用ポートフォリオをいかに導入するか」という点に置いてきました。

ところが，見取り評価の中には，小林教諭のように教師用ポートフォリオのような機能をもたせ，優れた実践につなげているものもあります。そのような実践に学びながら，どのように教師用ポートフォリオをつくり，教師の力量形成を図り，何を留意すべきかということを明らかにしたいと思います。

1　見取り評価から教師用ポートフォリオへ

【1】生活科から学ぶこと，学べないこと

すでにわが国では10年以上にわたって，生活科が実践されており，そこでは，子どもの学びを活動や体験を通して全体的にとらえ，変化のポイントに着目し，継続的にとらえることが行われてきました。また，子どもの学びを多面的多角的に評価した資料をファイルして，累積することも推奨されてきました。したがって，ポートフォリオを根付かせるための土壌は整っています。

生活科が対象とする小学校低学年児は，まだ発達的に未分化で，文字を読んだり書いたりすることが十分できません。自己表現力が弱いのです。だから，教師が子どもの学びを読み取って評価して，支援に返してやる必要もあるでしょう。それが“見取り評価”です。

ガードナーたちが約10年間にわたって研究を行った幼稚園児から低学年児までの多様な能力を確認し，支援しようとするプロジェクト・スペクトラムでも，多様な領域（domain）での教師の観察評価が中心となっています。また，各領域に関連するものとして「学習様式」を設定しています(1)。たしかにアメリカでも，低学年の教師は，見取り評価的なポートフォリオを使っています(2)。子どもの発達的制約のためです。

しかし，総合的な学習は，小学校中学年から中学校や高校までを対象

とした時間です。しかも，問題の発見や追究，解決が求められています。その点が生活科とは根本的に違います。

とすれば，総合的な学習では，教師が子どもの学びを見取る評価より子どもによる学びの評価に重点を移すほうがよいのではないでしょうか。総合的な学習では，一度，見取り評価を卒業したほうがよいのです。子どもと一緒に評価の観点と規準を共有化しながら総合的な学習を創ることです。

ところで，「教師が子どもの学習物を授業で取り上げ，その後の展開につなげる。それがポートフォリオ本来の使い方だ」という主張があります。これは，半分正しくて，半分間違っています。

ポートフォリオは，学び手の自己評価による自己調整的な学びが真骨頂です。そして，もう一度繰り返しますが，総合的な学習で注目されているのは，この時間を設けた「ねらい」ともかかわって，**子どもが自らの学びを評価し，次の学びを展望するための“子ども用ポートフォリオ”**です。だから，教師が子どもの学習物を使って，次なる授業に…というのは少し趣旨が違います。

ただし，「学び手」を教師と考えてみるとどうでしょうか。つまり，“教師用ポートフォリオ”です。そこでの学びの目的は，授業改善であり，カリキュラム評価であり，結局は，教師自身の力量形成です。総合的な学習の成否は，教師が学力観を転換できるかどうかという意識改革にかかっているといわれますが，そのような教師教育を視野に入れて述べるならば，この主張は正しいのです。

【２】地域に働きかけ，地域に学ぶ

「地域環境と自分自身，又は自分の家庭をどう結びつけていくのだろうかを一年間かけて見取りたい。環境問題を考えることは，つまるところ自分はどうするのかに返ってくる。」

これは，冒頭に紹介した小林教諭が６学年の担任学級（男女計29名）

向けに書いた総合的な学習の指導案から抜粋したものです。

学級の子どもたちは，５年生のときに①通学路のゴミ拾い登校，②ボカシ作りと給食の残飯を堆肥にする活動，③諏訪湖の汚れの原因の調査，④廃油石鹸づくりに取り組んできました。

ここには，総合的な学習のさまざまな類型が含まれています。①は環境教育の問題意識を耕すための地道な活動であって，明確な学習類型にはあてはまりませんが，奉仕学習に発展する可能性があります。②と④はパフォーマンス学習です。③はプロジェクト学習であって，アンケート調査も同類とみてよいでしょう。

これらの“エコ活動”を振り返って，６年生で何をやろうかと話し合うと，①から④の活動をひきつづき行い，「大人が捨てたごみを子どもが拾うってのは，ほんとうはおかしいこと。だから大人に捨てないようにもっと気をつけてもらいたい」という意見が出ます。

そして，「アンケートをとって地域の方々の考えももっと知りたい」とか「結果をまとめて，チラシやコンサートのなかに入れて発表できる」と具体的な活動が浮かび上がってきました。そこで小林教諭は，この子どものやりとりを受けて，「どんな内容のアンケートにしようか」と題する指導案をつくって実施しました。

【３】カリキュラム・デザインの秘訣

当初，小林教諭は，子どもの学びを見取りつつ，カリキュラムをデザインしました。４月中ごろの学級経営案にも総合的な学習での学びの成果を各種のコンサートで発表したり，年度末には学習発表会をすることが記されています。アンケート結果と提言を市役所生活環境課にまで持っていったのも，かつて勤めていた伊那小学校の実践と似ていて[(3)]，教師の予想の範囲内でしょう。たしかに，教師にはそのような腹づもりはあります。つまり，総合的な学習で学んだ**最終的な結果に対するイメージ**が描かれています。

「カレーづくり」の実践のように，評価の観点を多様化して，それを**複数のゴール**とすることも有効でしょう。小林教諭の場合も新聞づくりだけでなくホームページづくりも視野に入れていました。１つのゴールに限定し，それを構成する目標を細分化し，相互に関連づけるようになると，融通性がなくなって，子どもの学びの変化に即応できません。

教師は，最初，子どもが市役所から帰った後，教室で「どう思った？」「今後どうしてゆきたい」と尋ね，いままでの“エコ活動”を継続し，その結果等を環境新聞づくりやホームページにして，呼びかけるという流れを想定していました。

ところが，市長さんが子どもの提言にあった環境美化に携わる人に贈るエコバッジに注目し，具体化してほしいというのです。ここから予想外の展開となります。子どもたちは，その依頼に応じて，９月にはバッジの絵柄と贈呈基準を提案し，年末にはバッジが市の補正予算に計上され，自分たちの卒業式前に市長さんからエコバッジが贈られました。

市長さんからの宿題によって，想定していた学習の流れは大きく軌道修正せざるをえなくなります。子どもの追究意欲が自然に引き出され，子どもと一緒にカリキュラムをつくるようになっていきます。

この総合的な学習の歩みこそカリキュラム・デザインの修正過程そのものです。小林教諭によれば，このような**デザイン修正の鍵**は，次の３点にあるといいます。

(1)活動を継続するなかでわかってくると，「どうなるかな，効果があるかな」という気持ちになる。
(2)学んでまとめたものをＰＲやアピールをすると，コンサートの感想をもらうように，外部から何らかの手ごたえがあり，それが励みになる。
(3)ゴミ拾いはできる範囲でやるというように，強制しないで，子どもの仲間意識に訴える。

要するに，子どもが学んだ結果を発表したり提案するというパフォーマンスによって修正されたのです。そこには，地域に働きかけ，地域から学ぶという相互交流があります。

【4】子どもに学び，力量形成を

この実践は，小林教諭も認めているように，子どもが自らの学びを自己評価する点において不十分です。例えば，「廃油石鹸づくり」では，香り，におい，見た目，使い勝手，オリジナリティーを評価規準としていたそうです。しかし，これらは，教師が意識していた評価規準であっても，子どもと共有されていません。だから，自己評価から次の学びにつなげるという自学には至りませんでした。したがって，卒業後のように，教師の手を離れたとき，一人一人の子どもが自らの学びを切りひらくことができるかどうかという不安があります。

たしかに，学級の子どもたちは，学習物等をファイルしています。ただし，それは，多くの総合的な学習の実践校と同様，単に学習物を積み重ねた“学習ファイル”であって，評価規準で振り返って学ぶための子ども用ポートフォリオになっていません。

私たちが小林教諭から学びたいことは，“子どもに学ぶ”という姿勢です。初めに紹介したように，子どものゴミ拾い登校の事実を目のあたりにして，教師自身が学ぼうとします。学級経営案でも「教師の願い」の箇所に「担任も育ちたい」「謙虚に子どもから学ぶ」と記しています。それで，その理由を尋ねたところ，次のような答えが返ってきました。

「子どもは常になぜ？　もっとよく！　すごい！　という興味，関心，やる気，感動が満ち満ちています。とかく大人は利害で動きがちですが，子どもはそうではなく生き方すべてがせいいっぱいです。先に生きているから教え導くこともありますが，基本は同じ人間として，いやむしろ純心な子どもだからこそ学ばなければと日ごろから思っています」と。

さらに，「教師自身が時間のけじめをつける（子どもとの時間も勤務も)」とも書いて，自らを処しています。

そして，子どもに学ぶということが，単なる姿勢にとどまらないで，１つのファイルと２種類のノートによって実行されているのです。ファイルは，子どもの**座席表**を綴ったものであって，一人一人の学びを大切にする教師がしばしば採用する方法です。

注目すべきは，２種類のノートです。一つは，年間５冊前後は作るという**学級全体向けノート**です。そこには，子どもの日記や学習物を縮小コピーして添付し，自らの感想やそのときの子どもの様子をメモします。日記は中核活動にふれる言葉を書いているとか，思いを心の底から語っているようなものに着眼します。「はっとしたこと」や「意外な一面」に気づいたときに，エピソードとして記しておくということです。

もう一つは，**生徒指導用のノート**です。特定の気になる子ども数人に

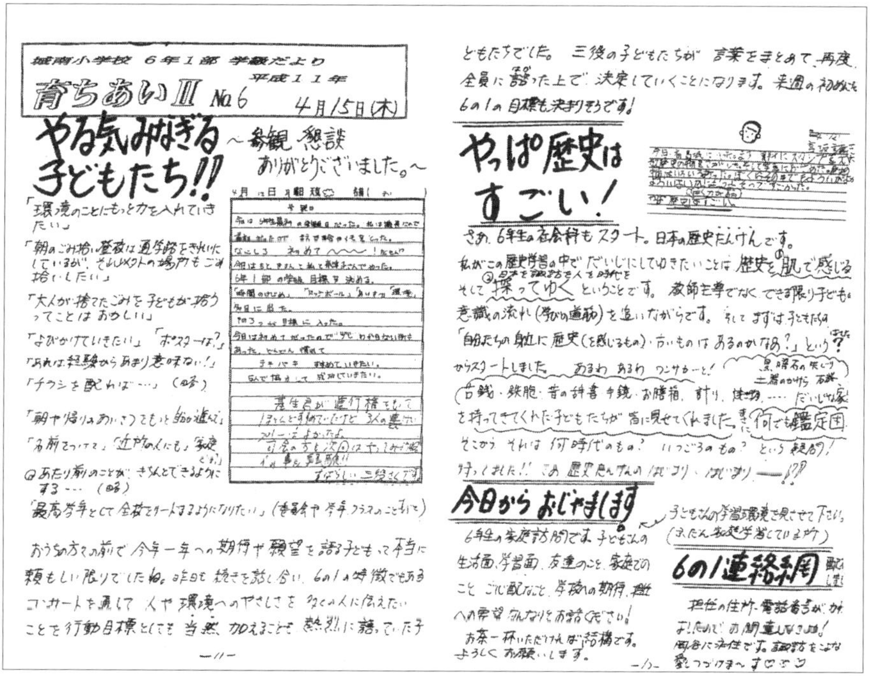

図１　学級通信は保護者とのコミュニケーションの手段

対して1冊ずつノートを用意して，学級全体用ノートと同じような手法で記録しています。このノートは，普通は1人あたり1年間に3冊程度使うということです。

そして，これらの学習物のうちほかの子どもたちに伝えたい事柄は，前頁に示すように，教師のコメントを学級通信に付けて掲載します。学級通信は，手書きで学習物等を切り貼りした，必ずしもきれいなものではありませんが，子どもの学びと教師の生き生きしたものであって，保護者も含めたコミュニケーションの手段となっています。また，学期末の三者懇談会では，学習物等を提示して，話し合うので，保護者からも「具体的でわかりやすい」と喜ばれているそうです。

このノートは，優れた教師用ポートフォリオといってもよいと思います。シュールマン（Shulman，L.）によれば，「教師用ポートフォリオとは，教授行為についてのコーチングや良き助言によって構造化した文書の歴史であり，生徒用ポートフォリオの学習物等を内容とし，自らの振り返りと熟慮と会話を通してのみ十分にわかるようにされたものである」(4)といいます。

たしかに，小林教諭のノートは，特定のカテゴリーを明示して，子どもの学習物等を集めてカテゴリー別に組み替えて，自分の学びの長短所を明らかにしているわけではありません。驚いたり，意外だったりしたものをその都度ノートに収集し，メモを残したものであって，他人に見せることは考えていません。

とはいえ，学年会や研究会などの場で学習物等を提示して，ほかの教師からの指摘や話し合い，授業ビデオの視聴が自分の読み違いを修正するのに役立つといいます。このようなノートの使い方を考えると，シュールマンの定義に厳密にそっているのではありませんが，教師用ポートフォリオに近いものであるように思います。

さて，教師用ポートフォリオの作り方は，初級レベルの「目的の明確化」を「教師自身の力量形成」とし，それ以外は学習物等を集め，評価する主体を教師自身とすれば，原理的には第5章に述べた段階的導入法と同じです。

例えば，福井市の社西小学校（吉澤康暢校長）では，「教師用あいアイファイル」と呼ぶ教師用ポートフォリオづくりに取り組んでいます。

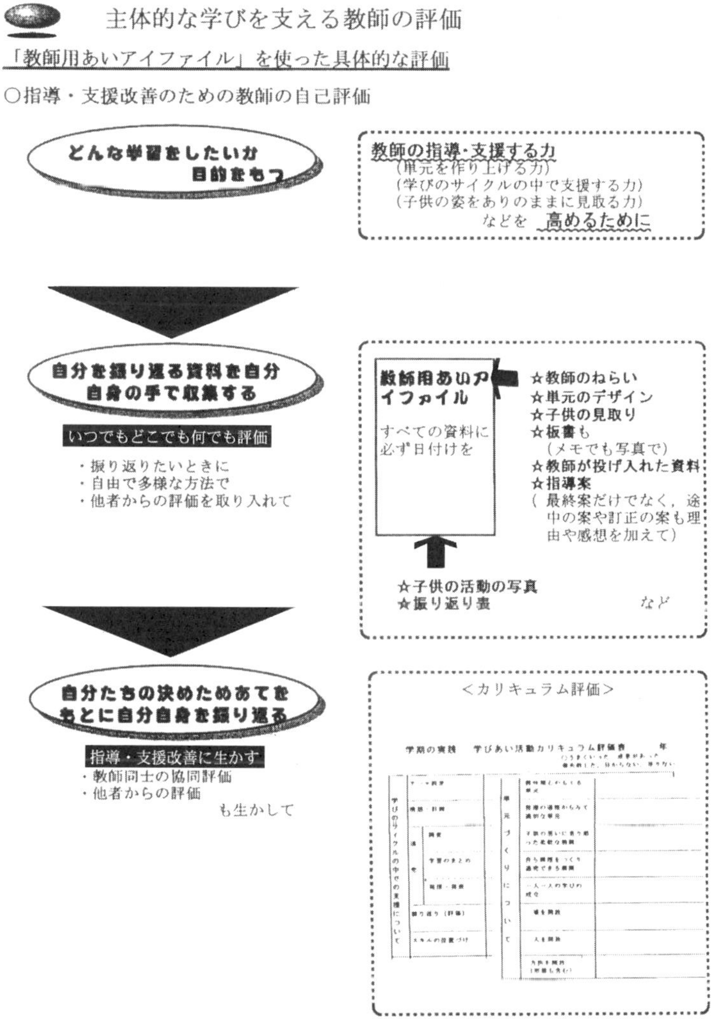

図2　教師用ポートフォリオの考え方

その基本的な考え方は，**図2**のとおりですが[5]，単に漠然とよい授業をしようと考えるのではなく，教師が「一人一人の子どものよさを生かす」という願いをもっていれば，それを目的として子どもの学習物等を集めるのです。自分の実践を振り返るのです。そして，中級レベルになれば，「よさを生かす」ための評価規準を設けることになるでしょう。このように教師が自分の力量形成のために学んだことを収集し，評価し，次の授業改善に生かす。それが教師用ポートフォリオです。

2　ポートフォリオ検討会

【1】外的模倣型研修の脱却を

これまで教科だけでなく総合的な学習の数多くの研究会に招かれたり，参加してきました。その大部分は，授業を参観した後，次のような形式で進められているように思います。

①授業者から公開授業の意図や工夫の詳しい説明。学習指導案等を読めばわかる箇所も多いのです。

②授業をやってみての結果に対する授業者の反省。事前の計画と実際の授業とのズレに焦点を合わせる傾向がある。

③司会者による話し合いの方向づけ。参加者に対してどうしてこのようなずれが生じたのか，ほかに適切な方法はなかったのか，学習活動は有効であったのか，などの問いを投げかける。

④助言者のまとめ。全体的な要点整理や専門的立場からの示唆をする。

研究会と標榜する以上，③の話し合いの時間こそ重要であって，率直な感想や意見を幅広く求めなければならないはずです。ところが，実際には，①と②の授業者の説明と反省が長時間にわたったため，話し合いにわずかな時間しか充てられないことが多いのです。

その結果，一方では，授業者のような実践に共感し，それを真似てみようという教師たちが現れます。しかし，それぞれの学校や教室の実態によって教育の条件や状況が異なっているので，単に先進的な実践を上辺だけ模倣してもうまくいきません。

また，仮に子どもの活動をこのように組めばこうなったのではないかと論理的につじつまが合った提案がなされたとしても，もはや同じ授業を再現できません。ですから，その検証のしようがありません。過去の実践分析にとどまり，未来の教育実践に生かされにくいのです。

他方，研究会の後，参加者から「あの学校や地域は特別だから」とか「附属や研究指定校だから」という感想がもらされるように，授業研究会からはとんど何も学ぶことのない教師たちがいます。

このように伝統的な授業研究会の参加者は，過度に熱狂的だが空回りする教師とまったく無関心で何も学ぼうとしない教師というように二極分解しがちです。しかし，その原因は，教師の責任というより研究会のあり方自体に求められるべきではないでしょうか。解決策は，伝達講習会的な構造の脱却の中から見いだすことができるように思います。

【２】内的開発型の教員研修

第３章の冒頭で述べたように，「教師は子どもが学ぶのと同じようにして学ぶ」[6]のです。教師も自分が何を学びたいのかを明らかにし，ほかの教師と協働して経験を出し合ったり，やってみることを通して確かめ，振り返りながら学んでいくべきです。教師も，能動的で社会的，創造的な学びとして特徴づけられる**構成主義**の学びを行っているのです。

とすれば，教員研修においても，単なる座学ではなく，構成主義的な学びの過程をたどらせる“内的開発型”の力量形成法を採用したほうがよいでしょう。それがポートフォリオ検討会です。

【構成主義　constructivism】

知識は，学び手の頭の中で構成されるのであって，その人の経験内で適合や存立された概念構造として示されるという立場です。自ら進んで獲得する“能動的な学び”，他人と相互作用しながら学ぶという“社会的な学び”，自分なりの知識を生み出す“創造的な学び”が特徴です。

ポートフォリオ検討会は，プロジェクト・ゼロにおいて誕生し発展してきました。そのなかで，サイデル（Seidel, S.）は“子ども理解”を，アレン（Allen, D.）は“単元展開”を重視した検討会を行っています。私たちも彼らの理論に学び，多くの実践的研究を重ねてきました。

もちろんアメリカの手法をそのままわが国の教師に適用しても，文化が違うのでうまくいきません。例えば，アレンの単元展開の検討会では，批判的な意見を前面に出していますが(7)，それを先生方に試みた結果，授業者が強いストレスを感じ，強い不満の声が出されました。また，サイデルの手法をそのまま適用しても(8)，なかなか参加者から自由に発言を引き出すことがむずかしいのです。

そのような日米の教員における文化の違いに直面し，試行錯誤しながら，少しずつ修正を加えて実際に使えるものを考案してきました。とはいえ，具体的な学習物等を軸に能動的で社会的創造的に学ぶというポートフォリオ検討会の基本的な性格は，アメリカのそれと変わっていないように思います。

そして，総じてポートフォリオ検討会に対する先生方の評判もよいのです。参加者だけでなく授業者にとっても新しい発見や学びが生まれるからです。なお，わが国では，検討会といえば，前述の授業研究会の影響もあって，とかく単元展開の検討に流れがちで，サイデルが提唱する「一人一人の子どもをよく見て理解する」という検討会が軽視されやすいという問題点も明らかになってきました。したがって，ここではサイデル流の“子ども理解”のポートフォリオ検討会に絞ってお話ししたいと思います。

①まず，ポートフォリオ検討会に先立って，授業者は，参加者を交えた検討の題材とするために，特定の子どもの学習物等（通常は新しいものと古いものの２種類）を選び出します。授業者の問題意識は，選択した学習物等に込められているはずです。一般的には，授業者自身がどう支援したらよいかと現在悩んでいる子どもの学習物等を用意する

ことが多いようです。あるいは，子どもの学びの伸びや個性を表した学習物を使うこともあります。

新旧２種類の学習物等が示される理由は，子どもの学びの変容や伸びやつまずき，特性，創意工夫などは，複数の参加者の目を通して，多面的多角的に見るだけでなく，長期的にもとらえなければわからないからです（下図参照）。

②これらの学習物等について「ああでもない，こうでもない」と話し合う過程で，その子どもの変容や伸び，個性などの学びのストーリーが浮かび上がってきます。それだけでなく，授業者の支援のあり方やカリキュラム，さらには学校風土や校区の様子などに話が発展していきます。そして，この教育的文脈のなかで，その子どもの学びをとらえ直すようになります。

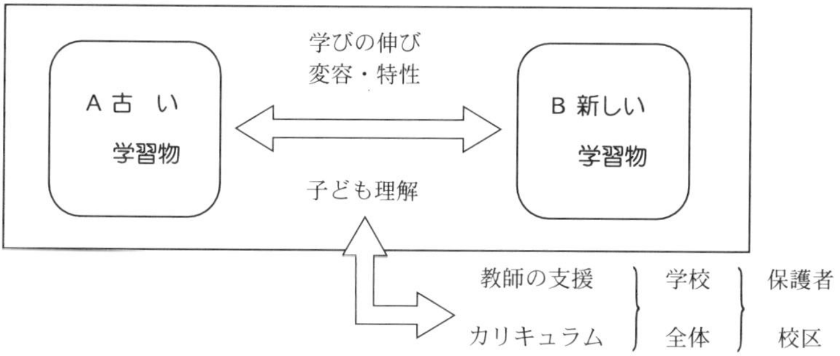

図３　“子ども理解”のためのポートフォリオ検討会

【３】ポートフォリオ検討会の進め方

ポートフォリオ検討会の特徴をひとことで言えば，伝統的で伝達主義的な授業研究会とは進め方を逆転させるということです。

授業者が総合的な学習の途中で悩みや袋小路に突き当たったときに，検討会を開けばよいのです。授業者にとっては，参加者からの助言や提案を次の授業でやってみるためのヒントを与えてもらうことを，参加者や司会者にとっては，ほかの教師の見方や考え方にふれ，自分の教育実践を見つめ直すきっかけとなります。

ポートフォリオ検討会は，授業者が学習物等を提示し，参加者が自分の教職経験を踏まえながら，子どもの学びに対して推理を働かせることから始まります。(2)の書くという作業を加えている点が，サイデルたちによるポートフォリオ検討会との大きな違いです。

そして，話し合いのなかで，授業者から出された問題を検討し，解決策のヒントを見いだそうとしますが，そこでは，特定の理論にそって学問的に意義深い理論を導き出そうとか，難解な理論を授業に適用し，その有効性を検証しようというような意識はまったくありません。

ポートフォリオ検討会のルールと手順

○参加者…通常は授業者と司会者各１名と参加者数名で行う。

司会者は，基本的に授業者と参加者の調整役を果たすが，少人数の場合，参加者と同様，意見や感想を言ってもよい（プロジェクト・ゼロでは，10名までなら成立するといいます[(9)]。私の大学では，教育実習生向けの事後学習において20名の規模で検討会を実施したこともあります。それが最大限度数でしょう。）

○時間…およそ１時間。

＜ルール＞

ａ）該当の学習物等について好き嫌いやよし悪しのような判断は示さない。

ｂ）次の(1)〜(3)の段階では，授業者は，発言してはいけません。

＜手順＞

(1)授業者は，ポートフォリオから顕著な特徴があって，検討したい子どもの学習物等を提示する。

(注)一連のものならば，２つ提示してもよいが，自分なりに問題にしたい観点を１つに絞った学習物等を選ぶこと。

(2)参加者は，学習物等を自由に見たり，読んだりして，自分の感想や疑問をノートに書く。
　(注)ここでの作業は黙って行い，不用意なコメントはしない。
(3)参加者が一人一人交代で自分の感想や疑問を述べる。
　(注)この間，授業者は，参加者の質問等に答えてはならない。
(4)司会者は，感想や疑問のうちもっとも多いものや重要と思われるものから提示し，授業者は，それらに答える。
　(注)感想や疑問の例：「ここでは○○のようなことが問題になったのだろうか」「この子は，○○のような子ではないか」「授業者は，どのように支援したり，意欲づけたりしたのか」
(5)これからどう支援すればよいのかを自由に話し合う。
　(注)自分の教育実践や見たり聞いたことも含めて，どのような支援をしたほうがよいのかということを提案し，話し合う。
(6)自然な結論や時間切れになれば，司会者は，話し合いを振り返ってノートに書くように求める。
　(注)全員に振り返りの時間をとって，検討会で学んだり，気づいたことを書かせる。
(7)司会者が参加者，次に授業者に検討会の感想等を尋ねる。
　(注)一定の結論に収束させるのではなく，オープンエンドな結論で終わる。

【4】ポートフォリオ検討会の実際

（1）子どもの強みを発見する —実践1—

授業者である内藤義弘教諭が，「考古学絵本大賞に応募しよう」という中学社会科の弥生時代から古墳時代まで限定したプロジェクト学習でN男が書いたシートを2枚提示しました（図4参照)。約10分後，参加

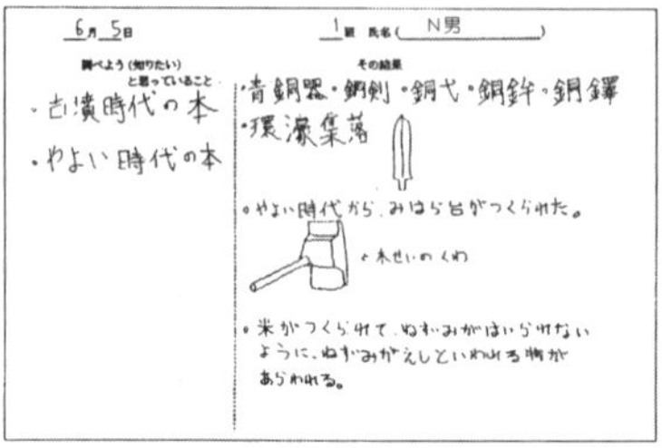

A　6月5日の調べ学習

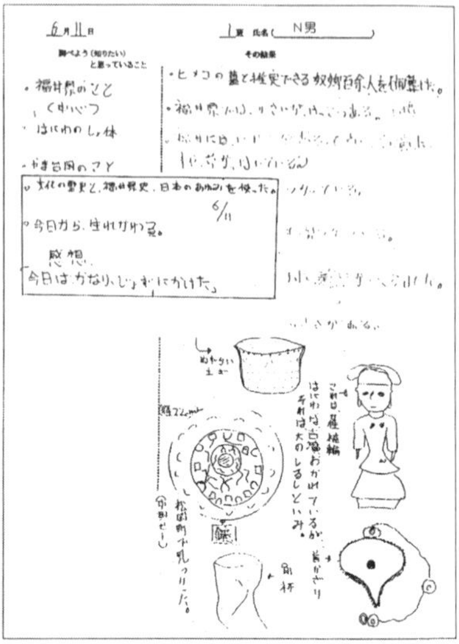

B　6月11日の調べ学習

図４　ポートフォリオ検討会で提示された新旧2つの学習物

者全員に気づいたことを発表してもらったところ，これらの時代の知識理解が十分かという吟味から始まり，どうして『今日から生まれ変わる』と言ったのか」という疑問が多く出されました。

司会者は，多くの参加者が抱いた疑問「今日から生まれ変わる」の意味を授業者に尋ねると，同じ班の子どもに直接聞き取りした結果，この子どもは，ブラブラしてあまり調べないので，班内のおとなしい子どもが「さぼるな，一生懸命がんばれ！」とひとこと注意したところ，それがよほどこたえたらしく，反省として「生まれ変わる」と書いてきたということでした。そのほか，参加者に共通する疑問，例えば，この子どもの家庭環境や学力などの質問が司会者から出され，授業者は答えていきます。

授業者は，「班のメンバーのひとことによって授業に対する思いの変容が表れている」からこれを提示したのです。ここまでは授業者のねらいどおりの展開でした。

ところが，司会者が「こういう子どもとのかかわり方とか授業での踏み込み方などはどうしたらよいですか」と質問すると，全員で自分たちの経験を踏まえ，何かを提案せざるをえなくなってきます。

そこで異色の提案をしたのが美術専科の加藤桂子教諭（福井市立成和中学校）です。「文字より絵のほうが筆圧が高いから，絵を描くのが得意だろう」「生活に根付いたことを引き出したり，ポイントが見つかるとけっこう興味をもって取り組めると思います。ただ今は，教科書の上すべりをしているというか真面目に書き写すことが，真面目さだというとらえ方をしているのだと思います」「埴輪でもどんな種類が出てきているかと焦点を絞ってやる。あるいは，どの絵が好きかと感情に訴える発問をすれば，その子どもも食いついてくるのではないか。6月5日付シートにある鍬も遠近法で描けているから，そこを評価する。『なぜ女の形か』『どんな模様か』『首飾りから当時の格好はどうか』などの問いを発し，文字による学習につなげてやる方法を取ればよい」と言うのです。

その発言を受けて，松岡小学校の松村教諭は，「イラストから学びに結びつけるのがベストではないか」と主張します。小田島範和教諭（鯖江市立惜陰小学校）からは「特定の絵を描くことをこの子にまかせて，学級や班に貢献させる手だてを講じると，得意な分野で活躍できるし，この方法なら文字による学習と比較や優劣をつけることができないので，その子なりの自信がつくだろう」という提案もありました。

このような展開は，授業者が事前には予想もしなかったことでした。授業者は，ポートフォリオ検討会後に「作品の新しい視点を教えられた」，「筆圧から学習者の意欲や関心が読み取れる」と述べています。それは，ほかの参加者にも共通する思いでした。

また，加藤教諭自身も，「現実には何クラス（何百人）の生徒を相手に授業を進めていくので，忙しすぎて，今日指摘したり，考えたきめ細かな個人への支援は，できないことが多い。しかし，一人一人に目を向ける努力は大切であるし，自分一人で考えるより，教師同士で意見を交換し合うほうが打開策は広がる」と自分の実践を振り返りながら，ポートフォリオ検討会の意義を認めています。異教科の教師との交流によって生まれたプラスの効果です。

（2）保護者と連携して新展開 ―実践2―

須甲教諭は，「雪はよいか，困りものか」を課題として，さまざまな論拠を出させる複数問題型で追究をさせ，(a)子どもの自学の姿勢，(b)子どもの資料活用，(c)子どもによる振り返り，の3つを評価規準として教師用ポートフォリオもつくっていました。しかし，M男の学びがいっこうに進みません。「スキーができるので，雪はよい」という論拠は示したものの，それ以上の調べ活動になりません。子どもの問題意識が希薄なのです。

そんなことが数日続き，さすがに須甲教諭も「どうにかしなければ」という気持ちになって，ポートフォリオ検討会で意見や助言を求めることにしました。放課後，勤務先の森目小学校の全教員7名が図書室に集まって，検討会が開かれました。

①まず，須甲教諭は，M男の学習物を配って，参加者それぞれに気づいたことを言ってもらいます。「何を調べたいのか，深まっていない」ことは，だれの目にも一目瞭然です。

②参加者からはさまざまな意見が出されます。「M男の場合には，雪ではなくて，スキー技術に興味があるのではないか」「自分の興味のあることには真剣にするので，スキーをすること，例えばワックスとかから入っていけばどうか」「スキー場の話のなかで市外からのスキー客によって町が賑わう，そのような一対一の対話が必要ではないのか」「3学期の国語教材に1枚の思い出のスナップ写真を貼ることがあるので，その手法を取り入れたらどうか」などです。

その後，司会者は，もう一度M男の学習物に焦点化すると，高学年で総合的な学習を実践している斎藤園子教諭から，自分自身の実践も振り返りつつ，次のような意見が出されました。

「**いろんな人にとって目を向けて**というのはどうですか。M男にとってはそうなんだけど，お父さんはどう，お母さんはどうって。なかなか聞くということはむずかしいかもしれませんが。私の実践でも悩んでいるのですが，意外と子どもは，自分の眼からしか見ようとしないと思うのです。ほかの人の目を大切にしてはどうでしょうか。」

意見がほぼ出尽くしたと思われたとき，司会者は話し合いを打ち切って，全員に感想を書いてもらい，それを発表して検討会を終えました。

須甲教諭がどの提案を採用するかは，自分自身の判断に委ねられます。答えはオープンエンドです。この場合は，斎藤教諭の考え方にヒントを得て，学級の子どものポートフォリオを家庭に持ち帰らせて，**保護者の意見や助言をもらおう**ということになりました。

すると，M男とペアで調べ活動をしていたK男の保護者から，「スキー場に来た人の人数が多いときと少ないときがあるけど，それはその年の雪の降った量と関係ないかな？」と付箋紙で質問を投げかけられると，学びに対する意欲が高まります。そして，異なる問題を調べていたY男が市役所に電子メールを送って情報を手に入れたことを見習って，自分たちも市役所にメールで問い合わせると，「雪の量とスキー客の関係」もわかるようになります。このように，ポートフォリオを仲立ちとした学校と家庭の連携によって調べ活動が急速に進んだのでした。

（3）テレビ会議でも可能 —実践3—

「『戦争は，悲しくてつらい』という結論は弱くて，深い思いが伝わってこない」とか「この11月24日の結論は，『写真を見ると，すごく悲しい』とあるので，写真の力が大きいと思う」と，森目小学校の先生はA女の学習物（次頁の**図5**）を読んで推理します。

他方，北海道教育大学附属釧路小学校の先生からは，「A女はたいへん素直な子。前時に担任の先生は，戦争中の悲惨な写真やビデオまたは戦争で亡くなった人などを提示しているから」とか「10月27日の計画を立てたときには，戦争の原因の予想が当たっていたのに，どうして1

ゼミナールプリント　H11.10.27

名前　A子

問題を決め、調べる計画をたててみよう

1．前回のプリントを見て、自分の調べる大問題を作ろう。

戦争について（第二次世界大戦）
調べよう!

2．上の問題を明らかにするために、小問題をたてよう。あと、予想と調べ方も計画しよう。（積極的に先生と相談しましょう。アドバイスあり）

小問題	調べた結果の予想	調べ方
1．戦争で亡くなった人の数。	たくさんの人が亡くなっていると思う	本や資料集。
2．戦争の原因。	土地のうばいあい	インターネット。資料集。
3．なぜ土地がほしいのか。	土地を広げたいから。	アンケート インターネット
4．戦争の後の気持ち。	つらいと思います。	アンケート
5 戦争のひ害。	友だちがなくしたりしてつらいと思う	本

↓これが調べられなかった。

上のことを調べて出したい結論

戦いは、とても残こくで、とっても悪い!

ゼミナールプリント　H11.11.24

調べた結果から結論をまとめよう

名前　A子

＊「結論」とは…＊
考えたり、調べたり、話しあったりしたすえに手に入れた意見

↓

この様子がとじてあるのが自分のファイルです

自分のファイルをふり返り、使えそうな資料を選びながら、結論をまとめよう。

1．まずは、一人でファイルを見かえし、結論をまとめよう。

<私の結論>
（太平洋戦争）
戦争は悲しくてつらいものである。

<そのわけ>　ファイルから上のように結論づけられる証拠をまとめながら書こう。

○アンケートで、「戦争はもういやだ」とか、「原ばくが落とされる前に終わっていたら」とか、戦争をやってよかったという人がいなかったからです。

○家族や友達が、大けがをしたり、亡くなったりしたので、悲しかったと思ったからです。（悲しい出き事に書いてある。）

○写真を見ると、すごく悲しい写真があったので、その人たちもつらかったと思います。

図５　新旧の学習物に学ぶ

か月間も同じことを追究しているのか」という指摘や疑問が出されます。

これは，テレビ会議によるポートフォリオ検討会の冒頭の一コマ。授業者の須甲教諭は，総合的な学習で太平洋戦争を取り上げたＡ女の「追究は弱いが，最初の『残こくで悪い』から『悲しくてつらい』に変わったのはアンケートの効果だろう」と思って２つの学習物を示しました。

ところが，そのような意図とは反対に，参加者からアンケートで校区の祖父母に聞き取り調査をしたほうがよいという提案がなされます。Ａ女がアンケートにこだわったのは「真面目な性格の表れ」という指摘もあります。授業者の予想を越えた意見です。

テレビ会議を利用したポートフォリオ検討会は，前述のルールと手順を次のように多少変更して実施します。

(1)子どもの学習物等を事前に添付メールで相手校に送る。

(2)「参加者は学習物等を自由に見たり，読んだりして，自分の感想や疑問をノートに書く」ことをすませておく。

(3)「参加者が一人一人交代で自分の感想や疑問を述べる」ことから検討会を始める。

この手法を同じ校区内の小学校と中学校との間で採用すれば，異なる校種間の総合的な学習の情報交換だけでなく教員の意識改革にも役立つように思います。

（4）谷口中学校のプロフィール検討会 ―実践4―

第4章の最後に紹介した谷口中学校（諸星俊雄校長）では，教師が一人一人の子どもの良さを見つめることを重視し，子どもの学びの流れをとらえるための手だてとして，子どもの学びのプロフィールを作成し，それを題材にした検討会を行っています。

例えば，次頁に示すように，関口益友教諭が担当した国際領域の総合的な学習において，将来は保母になりたいというH女は，初めはなかなか課題が決まらなかったのですが，母親から「世界に目を向けてみたら」という言葉に触発されて，保母希望と国際をつなげて「子ども兵士」の問題を追究するようになります。それから関係のシンポジウムに参加しながら「何をしたいのか」と自問することもありました。まとめたことを発表するのは，言いたいことを言えばよいのではなく，聞き手を意識しなければならないというようなことも学びます。

関口教諭は，A女のポートフォリオだけでなく日ごろの観察や記録とも重ね合わせながら，彼女の学びの過程をプロフィールとして綴っていきます。

それをプロフィール検討会にかけて，ほかの教師からの批評も受けながら，「成功でなくても次につなげる意欲が重要」であることを実感し，他方では「子どもが何を身につけたかを技能，意欲を含めて書くとさらによいだろう」というような課題に気づきます(10)。

子どもの学びのプロフィールづくりは，私たちが取り組んでいるサイデルやアレンの方法とは違いますが，プロジェクト・スペクトラムでも行われてきました。

谷口ドリーム学習　　　　　　　　　　　　　平成１１年度　第３学年　国際領域
支援者から見た生徒のプロフィール　　　　　　　　　　　　支援者　関口　益友

H女　課題「子どもの兵士について」　～言いたいことを表現する難しさ～

■１．２年の取り組み

１年生では「相模原市内の民話」について、主に図書館等で調べる学習を行った。

２年生では学年で国際という領域が設定されていたため「世界のあいさつ」という課題で取り組んだ。発表を劇形式にするという工夫を行った。

■３年生での学習経過

月	主な内容と子どもの様子
4	【ドリーム学習】《１年間のOT》 ・様々やってみたいことがある。世界の料理を作ってみたい、教科ごとの教え方、バレエについて、イタリアのパスタなど。
	【ドリーム学習】《修学旅行》
5	・京都の町並みや建物について調べようと考えた
6	・実際に外国の人にインタビューできなかったのが心残りとなった。 ・京福嵐山線のホームが外国映画のようだったと感動する。
7	・まとめで領域内での話し合いを通して、様々なものの見方があるのだと感心するが自分では領域ということを意識しすぎてちょっと不安になる。
8	【ふれあい体験】 《夏休みボランティア》 ・中津川に班で行ってバーベキューをした後、ゴミ拾いをしてきた。川にゴミが流れているのを見て、自然を大切にしたいと感じてきた。 【ふれあい体験】《進路体験》 ・高校への訪問を通して、自分の夢保母さんになることを再確認した。
9	【ドリーム学習】《自由課題学習》 （課題設定） ・母親に「世界に目を向けたら」という言葉が一つの契機となり、夏休みにユニセフ主催の「子どもの権利条約・子どもの兵士について」のシンポジウムに参加する。 **課題「子どもの兵士について」決定** （課題追究）
10	・夏休みのシンポジウムのことをまとめる。ゲストのアグネス・チャンからの現地の子どもとの会話「もちろん人を殺したことがある。殺さなければ自分が殺されるからね。」や実際に兵士だったスーダンのナポレオン・アドク氏の「兵士だった子どもは大人になっても善悪の判断がつかない。」という言葉に印象を持つ。
11	・インターネットで情報を収集する。スーダン、ウガンダ、ユニセフ、セーブ・ザ・チルドレン・ジャパンの事が調べられる。 ・新聞からも関連記事を集める。
12	・YMCAを通して外国の子どもたちと接触をしようと試みるが、自分の語学力が足らずうまく伝えられないために断念する。 ・ユニセフに問い合わせを行うが、時間不足と正確な情報が得られなかったために役立てられず。
1	（発表・提言） ・領域内での発表を行い、高い評価を受ける。ここで逆に、自分の発表したい内容がなんなのかを絞るべきだと考えはじめる。
2	・先生を交えて４人のグループで話し合いを持つ。そこで自分が何をなすべきか、自分のできることは何なのかが見えてきた。
3	・学年発表で、時間がなかったため５分で発表した。自分の思うことが言えず、人に伝えることの難しさを痛切に感じた。

■支援のポイント

（課題設定）

漠然とした思いの中で迷っていた子どもに母親が出した言葉が非常に有効であった。母親は自分の将来の進路と国際という領域の二つをつなぎ合わせることをアドバイスした。また、ユニセフのシンポジウム参加に関して社会科の河内先生にもお世話になっている。

人とのふれあいができる研究であった方がいいと助言した。そこで夏のシンポジウムをしっかりとまとめることと、YMCAやユニセフへのインタビューなどを子どもは計画した。

（発表・提言）

この学習を通して自分が何を言いたいのか、何ができるのかを迷ったときに、領域の仲間との話し合いを持った。司会進行役はこちら（関口）で行った。これは自分の考えをまとめる上で非常に有効なことであった。この中で「多くの人々に伝える」ことが自分にできることであり、自分の提言活動になると意識した。

発表では言いたいことがうまく言えない自分に悔しい思いをした。しかし、発表では言いたいことをすべて言うのではなく、聞き手を意識しポイントを絞った話し方がいいということを学んだ。

図６　教師から見た子どものプロフィール

プロフィール検討会で注意したいことは，その子どもの①強みを確認し，②学びの様式を記述し，③家庭や地域との連携に役立てる，ということです[11]。教師が子どものプロフィール検討会を行うことによって，その子どもの理解を深めることが大切であり，そこから適切な支援のヒントを得ることができるはずです。

（５）留意すべき点

私たちがポートフォリオ検討会を行ってみて驚いたことは，異校種や異教科の教師，あるいは校長などの管理職の先生をメンバーに加えると，意外な見方や考え方が示され，新たな学びが生まれるということです。

総合的な学習では，教師が学年団を組織して実践することがありますが，それはともすれば仲間内だけの話し合いに終始して，視野狭窄になることもあります。ポートフォリオ検討会では，異学年の教師を積極的に加えて，違った目で違った角度から子どもの学びを解釈すると，それぞれの教師の見方・考え方に幅と深みが出てきます。

そして，私たちの失敗経験から得た注意すべき点ですが，検討会を何度も繰り返すと，サイデル流の検討会であっても，“子ども理解”よりむしろ“単元展開”に安易に流れやすいということです。しかも，それは，具体的な学習物等に根拠を置いたアレン流の“単元展開”の検討会ではなく，観察した印象に基づく主観的な話し合いに陥りがちです。

教師を５年や10年も続けていると，何をどう教えるかということばかりに気を取られて，なぜ子どもがそう考えたのか，今の姿がある背景は何だろうということに思いを及ぼすことが少なくなりがちです。「子どもに学ぶ」とか「子どもと一緒に授業をつくる」と言っていても，お題目だけで，実際には，教師主導の授業をして何ら問題を感じないということも珍しくありません。

現在求められているのは，一人一人の子どもを深く多面的に理解することです。ポートフォリオ検討会では，その子どもをよく知っていると思っても，「この場面でどのような支援をしたのか」と問われると，答えに窮するということもあります。そのような苦い経験をしなければ，教師の意識はなかなか変わりません。

最後に，ポートフォリオ検討会は，授業者が次の授業で子どもにどのような支援をすべきかという示唆を与えてくれると言いましたが，その授業のときには，ほかの教師は立ち会わないのが通例でしょう。それで，授業者は，緊張感が薄れ，結局どんな手だても講じないということにもなります。対策としては，教師自らもポートフォリオをつくることを提案したいと思います。教師が自分のポートフォリオと検討会をリンクさせれば，総合的な学習における次の授業改善にも役立てることができるはずです。

注

(1)Krechevsky, M. *Project Spectrum : Preschool Assesment Handbook [Part3],* Teacher College Press, Columbia University, 1998, pp.3-7.

(2)Shores, E.et al. *The Portfolio Book,* Gryphon House, Inc. 1998. Katz, L.and Chard, C. *Engaging Children's Mind,* Ablex Publishing Corporation, 1989 .

(3)伊那小学校6年毅組『出発！毅組ふるさとたんけん隊』信濃教育会出版部，1996年。

(4)Davis, C. et al., “Reflections on the Use of Teams to Support the Portfolio Process”, *With Portfolio in Hand,* edited by Lyons, N. Teacher College Press. Columbia University, 1998, p.93.

(5)社西小学校『研究内容資料』2000年10月，28頁。

(6)Darling-Hammond, L. *The Right to Learn,* Jossey-Bass Inc. 1997, p.319.

(7)Allen, D “The Tuning Protocol”, *Assessing Student Leaning,* edited by Allen, D., Teacher College Press, Columbia University, 1998, p.100.

(8)Seidel, S. et al. *Portfolio Practices,* National Education Association, 1997, pp.77-78.

(9)Seidel, S. et al. op. cit.p.74.

(10)参照　谷口中学校「谷口ドリーム評価研究NO.1」。

(11)Krechevsky, op.cit.p.9.

初出論文リスト

第１章

1）本文pp.12-13.「『る』と『みる』の合わせ技」『授業研究』，明治図書，2000年７月号，pp.17-18.

2）本文pp.22-23.「ポートフォリオ実施法の留意点」『指導と評価』，図書文化，2000年２月号，p.42.

第３章

1）本文pp.47-48.「『総合的な学習』にかかわる教師の指導力をどうとらえるか」『自主・自立を支える校内の指導・研修体制』教職研修2000年２月増刊号，教育開発研究所，p.60.

2）本文p.51.「学校を越えた課題をパフォーマンスで評価」『指導と評価』，図書文化，1999年12月号，p.44.

第４章

1）本文pp.93-96.「ポートフォリオの発想」『指導と評価』，図書文化，2000年１月号，pp.40-41.

第５章

1）本文pp.114-115.「フィードバック」『総合学習』第４号，黎明書房，2000年10月，p.66.

2）本文p.143.「『総合的な学習の時間』における評価のポイント（中）」石田恒好編『子どもの評価』2000年１月，教育開発研究所，p.27.

第６章

1）本文pp.152-153.「評価の観点と規準の内面化」『指導と評価』，図書文化，2000年４月号，p.43.

2）本文pp.153-158,「教師用ポートフォリオの位置づけ方」『指導と評価』，図書文化，2000年７月号，pp.56-59.

3）本文pp.160-165.「ポートフォリオ検討会」『指導と評価』，図書文化，2000年３月号，pp.39-41.

4）本文pp.167-168.「ポートフォリオ検討会の発想と実際」『福井大学教育実践研究』第23号，1998年，pp.27-29.

こんなときどうする Q＆A

総合的な学習でポートフォリオをやってみたけれども，どうもうまくいかない，わからないというようなこともあると思います。このＱ＆Ａによって，ポートフォリオに対する理解が深まり，子どもが自らの学びを展開するための助けとなればと思います。

Ⅰ　ポートフォリオ準備期のＱ＆Ａ

総合的な学習では，地域講師の発掘や校区のマップづくりなどさまざまな準備が必要です。ここでは，ポートフォリオの導入のために直接関係がありそうな疑問を取り上げました。

Q1　ポートフォリオには何を入れておくのですか？

A　総合的な学習にかかわって調べたり，集めたり，まとめたものすべてです。例えば，日記や作文，手紙，自分や学級全体のアンケート結果，学びのめあてを記したシート，絵やイメージマップやイラスト，インタビュー記録やチェックリスト，班新聞やレポート（下書きを含む），写真やビデオテープ，などの“学習物”です。そして，学習物に振り返りメモや他者（教師，級友，保護者，地域の人など）の感想や評価を加えた“学習物等”も入れておきます。

Q2　本書の実践ではリング・ファイルを使っていますが，クリア・ファイルではだめですか？

A　クリア・ファイルでも大きな箱に入れてもかまいません。しかし，箱は，学習物等を入れる時は簡単ですが，振り返りの度に時系列に学習物等を並べ直さなければなりません。クリア・ファイルは，入れ替え自由で，透明で見やすく好都合ですが，値段がやや高いという難点があります。私たちの実践校でもクリア・ファイルを使いたいのですが，十分な予算がないために，リング・ファイルを用いています。なお，自己や他者の振り返りを記すための付箋紙も用意しておいてください。

Q3　ポートフォリオは教師用と子ども用のどちらから始めるのがよいでしょうか？

A　私たちは，子ども用ポートフォリオを使うことをお勧めします。子どもが学んだものをファイルした“学習ファイル”でも，名前を入れて日付順に綴じ，評価規準にそって振り返りをすれば，立派な子ども用ポートフォリオになって，総合的な学習のねらいである子どもが自ら学び判断することに役立てることができます。

他方，教師用ポートフォリオは，子どもの学びを観察して記録する見取り評価とは違います。例えば，総合的な学習で重視されている「子どもの長所を生かす」というような自分の力量形成を目的として，子どもの学びを観察し，子どもの学習物等や同僚教師との話合いで気づいたことや保護者の発言やメモなども集めれば，教師用ポートフォリオになります。

Q4　教師用ポートフォリオと子ども用ポートフォリオを併用したいのですが，どうでしょうか？

A　ポートフォリオは，自分が学びの伸びや変容を多面的多角的かつ長期的に評価し，新たな学びに生かすために学習物等を集めたものです。「自分」を“教師”ととらえれば教師用ポートフォリオ，“子ども”ならば子ども用ポートフォリオになります。もちろん，子ども用と教師用の２種類のポートフォリオを併用してもかまいません。

実際問題として，子ども用ポートフォリオを採用した場合でも，教師は，配布したプリントや資料，子どもの学習物等をファイルしておいたほうが子どもの学びの現状を把握するために便利です。

Q5 ポートフォリオの保管やチェックはどのようにしますか？

A 教室に一人一人の持ち物を収めるボックスがあったり，学級全員分のポートフォリオを並べるぐらいの棚や書架があれば，そこに保管すればよいでしょう。大きなプラスティック製のかごに学級全員のポートフォリオを収めてもよいのです。とにかく，子どもがポートフォリオを見たい時に，見ることができるようにしてください。

そして，教師がポートフォリオを点検することによって，子どもの学びを把握して，次の授業を構想することができます。そのためには，学びの節目にポートフォリオを提出させることです。家庭に持って帰らせて，保護者に見てもらうのもよいでしょう。少なくとも学びが１か月以上続く場合には，一度はポートフォリオをチェックしてください。

Q6 子どもに対してどんな指導を事前にすべきですか？

A まず，何か気づいたり，感じたり，不思議に思ったりしたことを気軽に書く習慣をつけておいたほうがよいと思います。文章で書くのが苦手とか，文章では表しにくい事柄に関しては，絵やイラストやマッピングで表現するようにさせるのもよいでしょう。ポートフォリオは，息長く学習物を集め，振り返って評価し，学びに連動させようとするので，文字や絵などで表現したものを残しておくことが必要です。

次に，評価は，先生だけがするのではなくて，子どもがしてもよいという考え方を浸透させてください。子どもは，評価は知識を測るものであるという考えをもっています。これらの固定観念を破る必要があります。例えば，子どもの書いたものをプリントにして，皆で「どこがよいか」「真似したいか」などと問いかけて，「それが相互評価だよ」と教えたり，自分の新旧の学習物等を比べるような評価場面を設定することです。

Q7 カリキュラム・デザインの手順がわからないのですが？

A　教師が（1）教室や学校を越えた課題を用意し，（2）最終的な結果をイメージし，(3)プロジェクト学習かパフォーマンス学習かという学習類型を見きわめ，(4)何をいかに評価するのかということを考えておくことです。なお，カリキュラムを実施している間にもポートフォリオを使いながら，子どもの学びの現状を評価し，必要とあれば，デザインの手直しをしてください。

Q8 ポートフォリオを導入すると，どんな効果がありますか？

A　私たちの実践では，次のような面で効果がありました。(1)多面的多角的長期的に評価することができる。(2)評価した事柄をもとにして，次の学びの方向づけをすることができる。(3)ある方法で評価した場合，そのバックアップ的な評価をすることができる。(4)子どもの長所や強みを生かして，自尊心を育てることができる。(5)自己評価を繰り返すことによって，自学の習慣を育てることができる。(6)子どもや教師だけでなく親や地域の人々も巻き込んだ文化的営みに発展する。(7)班ごとにポートフォリオを作成する場合，班内の人間関係の改善に役立てることができる。

Ⅱ　ポートフォリオ実施期のＱ＆Ａ

教師用ポートフォリオから始めた場合でも，最終的には子ども用ポートフォリオをゴールに据えなければ，総合的な学習のねらいは達成できません。したがって，以下では，とくに断りのない限り，子ども用ポートフォリオを前提にしてお話します。

Q1　どうして学習物等に名前や日付を書く必要がありますか？

A　時系列で並べるために日付が必要です。また，ポートフォリオでもっとも重要な鍵となる振り返りは，子ども自身だけでなく他者(級友，教師，親など）にも求めるので，名前を書いておく必要があります。

私たちは，振り返りたい時に振り返りたい事柄を振り返る手だてとして付箋紙を使っています。振り返りのために細かな項目は示しません。教師が意図を暗示したり，誘導することを避けるためです。学習物の振り返りがなければ，ポートフォリオとはいえません。振り返りのない学習物の蓄積は，古いものを下に，新しいものを積み重ねている“学習ファイル”にすぎません。

Q2　家庭でのポートフォリオの活用をどのように行いますか？

A　「ポートフォリオとは何か」ということを保護者の方々に理解していただくためには，学級通信を通して趣旨を説明したり，保護者会などで説明して協力をお願いすることです。

これに加えて，子どもが実際に作ったポートフォリオを家庭に持って帰らせ，それを保護者に見てもらってコメントしていただくことが必要です。その際に，子どもに自分の学習物を振り返らせ，付箋紙などに書いて該当の学習物に貼っておくようなサンプルを示しておくと，ポートフォリオの使い方もわかりやすいでしょう。そして，保護者の方にもどこか興味をもったり，疑問に思った学習物に対してメモして貼っていただくと家庭との連携に役立ちます。

Q3 なかなか子どもが学びを振り返ってくれないのですが？

A 授業は知識を教えるものと思い込んでいませんか。知識がなければ，深く考えることはできませんが，知識だけを次々とレンガを積むように積み重ねていっても，深く考えることはできません。

ある程度の知識が獲得された時点で，学びの節目となるような時に，振り返りの時間を授業時間内に設けてください。ゆっくりとこれまで学んだことを振り返ることです。できれば１単位時間，少なくともその半分の時間は必要でしょう。それは学び方を学ぶ時間であると考えてください。

Q4 子どもの振り返りの内容が深まっていかないのですが？

A 振り返りは，以前のことを懐かしんだり，後悔するために行うのではありません。過去の学びを振り返って，現在の学びを把握し，未来の学びを展望するための自己省察です。

子どもは，このような振り返りによる学びに慣れていません。したがって，初めは，「気をつけたい点」とか「がんばったこと」のように，子どもが振り返るための手がかりを示してもよいでしょう。しかし，評価規準をつくった後には，一人一人の子どもに伸ばしたい規準をもたせ，その規準に照らしてこれまでの学習物等を読んだり，見たりして，振り返るようにさせてください。

Q5 どうして評価規準に観点別評価の観点を使わないのですか？

A 総合的な学習は，❶知る，❷知っている，❸やってみる，❹なってみる，などの多様な活動を子どもが自ら評価して，学ぶための時間です。また，長期にわたって学びを進める必要がありますので，「チャレンジ」のような観点を設けて関心・意欲・態度を評価することも必要でしょう。したがって，各教科のように知識理解や能力・技能のような抽象的表現ではなく，これらの多様な活動を子どもがわかるような言葉で具体的に示したものを評価の観点とします。これらの表現以外にもっと子どもにフィットした言葉があれば，それを使ってもよいのです。また，❹「やってみる」を「協力」と「コミュニケーション」に分けるように，観点を細分化してもよいでしょう。

Q6 教師から子どもに評価規準を示してはいけませんか？

A 総合的な学習では，子どもが自ら問題を発見し，解決することをねらいとしており，事前に何が問題かということはわかりません。

したがって，従来の教科学習のように，特定の知識や技能を教えようとして，目標を明確にし，それから内容，方法へと下降するカリキュラム編成法はなじみません。

総合的な学習では，体験や観察などの行為のなかで経験を再構成し，新たな学びを拡充・発展させていきます。その途上で追究しようとする問題が浮かび上がり，それをめあてとし，評価規準とするというアプローチが最適であるというのが私たちの実践研究から得た結論です。そうすると，子ども自身でめあて（＝評価規準）を設定し，自分の学びを評価しながら新たな学びを展望することができます。

Q7 学習物等がどんどん増えて困るのですが？

A 長期にわたって学習物等を集めれば，ポートフォリオもかなり分厚くなります。すると，振り返りがむずかしくなります。そこで，例えば，一つの総合的な学習を終えた場合には，評価規準にそってベストの学習物や全体的な振り返りを始めのページに集めておくことです。

また，ポートフォリオは，１年間ごとに更新してください。でないと，持ち歩きや収納に不便です。その際にも，評価規準にそってベストの学習物をピックアップし，「今後はこうしたい」というような抱負を書いたものを集めて，新しいポートフォリオの最初の部分にファイルしてください。

Q8 発表会ではポートフォリオをどのように活用しますか？

A 中間発表会にしろ最終発表会にしろ，発表会は，これまで調べてきた事柄やものをつくって発表をする場です。ポートフォリオの本領は，学びのまとめよりむしろ学びの過程を振り返ったり，見てもらうことです。結果がすべてではありません。子どもが学びの過程を見ることによって，新しい学びや強みの発見をすることこそ意義深いと考えます。したがって，私たちは，発表会では作品や掲示物の前に机を据えて，その上にポートフォリオを置き，発表までの学びの過程を見てもらうようにしています。ポートフォリオでとくに見てほしい箇所に付箋紙を付けておくことも好評でした。

重要用語解説索引

ア行

カ行

サ行

タ行

ハ行

マ行

● おわりに ●

この本をお読みになって，環境リサーチよりもカレーづくりに力点がおかれていることにお気づきになった方も多いでしょう。前者は，複数問題または単一問題のプロジェクト学習であって，学びが拡散しやすいタイプであり，後者は，単一問題のパフォーマンス学習で，学びを焦点化しやすいタイプです。総合的な学習の初心者ならば，単一課題でパフォーマンス学習を試みるのが得策でしょう。だから，このタイプを中心に取り上げたという面はあります。しかし，それだけではありません。

多くの人々は，総合的な学習といえば，問題解決学習ととらえがちです。しかし，身近な川の汚染を調べて，解決策を見つけようという問題解決学習は，現実には大人でもなかなか解決できません。子どもにそのような問題のむずかしさを味わわせることに意味があるという主張もありますが，それも度がすぎると，子どもは興味関心や意欲を失ってしまいます。

では，どうすればよいのかというと，総合的な学習においてもっとパフォーマンス学習の要素を取り入れることを提案したいと思います。例えば，環境リサーチ・パート１でも「メダカをどこに放流するのか」からビオトープづくりにつながっていくとパフォーマンス学習になります。ほかの子どもの学びを真似たり，熟達者の技能や智慧に学ぶことを奨励していますが，それもパフォーマンス学習です。本物にふれ，本物を創ることにこそ教育的意義があります。そこではたゆみない練習も必要です。

また，本書では，文字による学びだけでなくビジュアルな学びにも力点をおいています。たしかに，体験をさせるということは大切です。しかし，もっと大切なことは，体験後に何をするかということです。そのような場合，しばしば感想文を書かせてきましたが，イラストやマップなどのビジュアルな表現のほうが子どもの思いやわかったことを表現できるということもあります。ビジュアルな表現が得意な子どももいるのです。私たちのポートフォリオ研究では，その点を強調しています。

ポートフォリオ実践は，長期間を要します。したがって，一つの方法が有効かどうかを確かめるにも，多くの時間と苦労を伴いました。欧米の図書に書かれたわずか２行の内容に関して，私たちが１年以上も実践してから，やっとその大変さがわかったということもありました。しかし，他方では，ポートフォリオ検討会などは，私たちの方法のほうが優れているのではないかと自負しています。

この本は，私一人の力でできたわけではありません。まず今回の本をまとめるにあたって，松村聡氏（松岡小学校）には，授業参観や資料提供，聞き取りなどで大きな力になっていただきました。礒田敬二氏（森目小学校），須甲英樹氏（森目小学校），内藤義弘氏（鯖江中学校），大橋巌氏（福井大学附属中学校），関口益友氏（谷口中学校）には，「工夫のしどころ」や「ちょっといい話」などを書いていただきました。これらの方々の支えなくして，本書は生まれませんでした。

また，私事ですが，ここ数か月というものわが家には，夏休みも土曜日もありませんでした。そのような家庭的なバックアップをしてくれた妻と娘たちに感謝しています。

最後になりましたが，図書文化社編集部の工藤彰眞氏には，原稿を詳細に読んでいただき，率直で忌憚のない指摘を受けました。本にまとめる際の最初の発表相手として，「読み手はこう考えるのか」という発見が数々ありました。また，取締役出版部長の中川輝雄氏からも有益な助言をいただきました。心から御礼申し上げます。

著者紹介

安藤輝次《あんどうてるつぐ》

1950年，大阪府生。ジョージア大学研究助手，大阪市立大学大学院博士課程単位取得退学。現在福井大学教授，同大学附属中学校長。著書に『同心円的拡大論の成立と批判的展開』（風間書房，1993年），共著に『総合学習のためのポートフォリオ評価』（黎明書房，1999年），論文に「アメリカ小学校社会科における統合の共通基盤と検討課題」（カリキュラム研究　創刊号，日本カリキュラム学会，1992年），「アラン・グリフィンの歴史教師教育論」（アメリカ教育学会紀要　第８号，アメリカ教育学会，1997年），「ポートフォリオ評価法によるカリキュラム改革と教師の力量形成（Ｉ）－エッセンシャル・スクール連合の試み－」（福井大学教育実践研究　第22号，1998年）などがある。

ポートフォリオで総合的《そうごうてき》な学習《がくしゅう》を創《つく》る
－学習ファイルからポートフォリオへ－

2001年３月10日　初版第１刷発行
2005年１月20日　初版第５刷発行

［検印省略］

著　者　安藤輝次©
発行者　工藤展平
発行所　株式会社　**図書文化社**
〒112-0012　東京都文京区大塚1-4-5
TEL03-3943-2511　FAX03-3943-2519
振替　00160-7-67697
http://www.toshobunka.co.jp/
印刷所　株式会社　高千穂印刷所
製本所　株式会社　駒崎製本所

落丁本・乱丁本はお取り替えいたします
定価はカバーに表示してあります
ISBN 4-8100-1337-5